Franz-Josef Scheidhammer

So geht das!

Aufsatzkorrekturen fair und transparent

Checklisten und Beurteilungshilfen

Verlag an der Ruhr

Impressum

Titel
So geht das!
Aufsatzkorrekturen fair und transparent
Checklisten und Beurteilungshilfen

Autor
Franz-Josef Scheidhammer

Illustrationen
Bernhard Skopnik

Verlag an der Ruhr
Mülheim an der Ruhr
www.verlagruhr.de

Geeignet für die Klassen 5–10

Unser Beitrag zum Umweltschutz:
Wir sind seit 2008 ein ÖKOPROFIT®-Betrieb und setzen uns damit aktiv für den Umweltschutz ein. Das ÖKOPROFIT®-Projekt unterstützt Betriebe dabei, die Umwelt durch nachhaltiges Wirtschaften zu entlasten.
Unsere Produkte sind grundsätzlich auf chlorfrei gebleichtes und nach Umweltschutzstandards zertifiziertes Papier gedruckt.

© **Verlag an der Ruhr 2008**
ISBN 978-3-8346-0328-9

Printed in Germany

Inhaltsverzeichnis

Aufsatzkorrektur: Weitsprung oder Eiskunstlauf?

Ein Weitspringer verlässt die Grube und schüttelt den Sand von seiner Sportkleidung. Gespannt wartet er auf sein Ergebnis, das die Wettkampfrichter gerade ermitteln. Nach kurzer Zeit leuchtet die Weite auf dem Anzeigefeld auf: 7,46 Meter. Die Weite ist durch eine rasche Messung genau ermittelt worden. Jeder Besucher einer Leichtathletikveranstaltung kann die Feststellung des Ergebnisses mitverfolgen und nachvollziehen.

Szenenwechsel: Eiskunstlauf – Die junge Läuferin hat soeben ihre Kür beendet. Sie hat weniger Sprünge eingebaut, dafür aber einen schwierigen Lutz gestanden. Jetzt sitzt sie erschöpft am Rand der Eisfläche und wartet auf die Wertung der Preisrichter. Der interessierte Besucher eines Eiskunstlaufwettbewerbs wird das Ergebnis zwar auch erfahren, er wird jedoch nicht immer in der Lage sein, die Wertung genau nachzuvollziehen und die Unterschiede zwischen den einzelnen Läuferinnen exakt wahrzunehmen. Außerdem wird es vorkommen, dass die Wertungen der Preisrichter sogar geringfügig voneinander abweichen.

Die beiden skizzierten Szenerien verdeutlichen, vor welcher Problematik der **Deutschlehrer*** steht, wenn er einen Aufsatz bewerten soll. Gerne würde er wie der Kampfrichter im Weitsprung zügig das exakte Ergebnis ermitteln, tatsächlich steckt er aber eher in der Rolle des Preisrichters beim Eiskunstlauf. Er muss **zahlreiche qualitative Teilaspekte** im Auge behalten, miteinander verknüpfen, abwägen und diese am Ende in einer Ziffernnote zusammenfassen – wahrlich ein schwieriges Unterfangen! Preisrichter waren vielleicht selbst einmal Eisläufer, sicherlich haben sie jedoch in ihrem Leben eine Vielzahl von Wettkämpfen besucht und jeden einzelnen Sprung in den verschiedensten Varianten gesehen. Ein Deutschlehrer liest und korrigiert im Rahmen seines Studiums und im Laufe seines beruflichen Lebens unzählige Texte, sodass er in der Lage ist, die Qualität eines Textes einigermaßen sicher einzuschätzen. Diese Fähigkeit wird jedoch von Außenstehenden gerne in Frage gestellt: „Aufsatznoten sind Glücksnoten." „Es kommt nur darauf an, den Geschmack des Lehrers zu treffen." „Aufsätze kann man eigentlich gar nicht gerecht bewerten."

Ja, es kann vorkommen, dass die Einschätzung, zu der ein Lehrer nach der Lektüre eines Aufsatzes gelangt, geringfügig von der abweicht, zu der sein Kollege kommen würde, wenn er den Aufsatz läse. Auch im Eiskunstlauf kennt man diese Problematik. Dennoch zeigt sich hier wie dort, dass die **Übereinstimmung oft weit höher ist als die Abweichung.** Erfahrungen mit Zweitkorrekturen zeigen, dass bei glatten Noten fast immer Einigkeit besteht, ja allenfalls bei Zweifelsfällen („Ist es noch eine Zwei minus oder bereits eine Drei plus?") das Urteil manchmal unterschiedlich ausfällt. Diese Problematik der Aufsatzkorrektur kann und darf nicht geleugnet werden. Doch würde jemand ernsthaft Sportarten wie Turnen, Eiskunstlaufen oder Turmspringen aus dem Wettkampfprogramm streichen wollen, nur weil man ihre Ergebnisse nicht mit der Stoppuhr oder dem Maßband ermitteln kann?

So vorurteilsbeladen manche der erwähnten Äußerungen zur Aufsatzkorrektur sein mögen, so darf trotzdem eines nicht überhört werden: Viele dieser abschätzigen Bemerkungen drücken den **Wunsch nach mehr Transparenz** bei der Beurteilung aus. Schüler wie Eltern möchten wissen, weshalb der Aufsatz, der allen beteiligten so viel Mühe gekostet hat, nur mit einer Vier bewertet wurde, während die Banknachbarin mal wieder fast ohne Anstrengung ihre Zwei abgestaubt hat. Im Fernsehen versuchen Moderatoren und Experten der jeweiligen Sportart, die Zuseher in das Geschehen einzuweihen, sodass diese

* Aus Gründen der besseren Lesbarkeit haben wir in diesem Buch durchgehend die männliche Form verwendet. Natürlich sind damit auch immer Frauen und Mädchen gemeint, also Lehrerinnen, Schülerinnen etc.

die Leistungen der Sportler besser nachvollziehen können: Ohne diese Hinweise würde wohl kaum ein Außenstehender erkennen, dass jener Läuferin durch die gegrätschte V-Position der Beine nicht nur ein gewöhnlicher Spreizsprung, sondern ein russischer geglückt ist. Dieses Buch möchte Ähnliches versuchen: Es will einen Einblick geben, welche „Sprünge" und „Figuren" eine bestimmte Aufsatzart ausmachen und welche Kriterien der Deutschlehrer als „Preisrichter" heranzieht, wenn er am Ende eine Wertung in Form einer Ziffernnote abgibt.

So können Sie mit diesem Buch arbeiten:

Zu Beginn dieses Buch finden Sie die Grundlagen der Aufsatzkorrektur kompakt zusammengefasst. Den Anfang machen **allgemeine Überlegungen zur Bewertung von Schüleraufsätzen**. Die grundsätzlichen Probleme der Leistungsbeurteilung, die Bewertungskriterien und -bereiche bei Schüleraufsätzen, die Korrekturzeichen sowie die Diskussion um Ziffernnoten und Wortgutachten werden hier dargestellt. Alle Informationen sind theoretisch fundiert, gründen aber vor allem auf langjähriger Unterrichtserfahrung und Korrekturpraxis.

Das Herzstück des Buches ist der zweite Teil: Hier finden Sie die praxisorientierten Materialien, die Ihnen den täglichen Aufsatzunterricht und die anschließende Korrekturarbeit erleichtern sollen. Egal, ob Bericht oder Personenbeschreibung – zu jeder der 21 Aufsatzarten werden auf drei Seiten unterschiedliche Informationen dargeboten:

 ### Allgemeine Hinweise

Zunächst wird die Aufsatzart, z.B. der sachliche Brief, kurz vorgestellt. Sie erfahren, wie eine **Aufgabenstellung** dazu aussehen könnte, in welchen **Jahrgangsstufen** der Schüler dieser Aufsatzart

meist begegnet und welche allgemeinen **Fähigkeiten** er beherrschen muss, um für die Klassenarbeit gut gerüstet zu sein.

 ### Merkblatt

Das Merkblatt liefert dem Schüler die wichtigsten **Informationen zur betreffenden Aufsatzart**, d.h. es erläutert einerseits die besagten Kriterien näher, kann andererseits aber auch als **Checkliste vor dem Abfassen des Aufsatzes** dienen. Eine solche Kontrollliste kann und will natürlich eine ausführliche Übungspraxis im Unterricht und zu Hause nicht ersetzen. Sie soll die Ergebnisse der Einzelübungen wieder zusammenführen und dem Schüler einen kompakten Überblick über die Aufsatzart verschaffen.

Kriterienkatalog

Den dritten Informationsbaustein stellt der Kriterienkatalog zur entsprechenden Aufsatzart dar. Er umfasst die wichtigsten **Bewertungsaspekte** zur jeweiligen Aufsatzart in einzelne Bereiche geordnet und ermöglicht es dem Lehrer, während der Korrektur seine Einschätzung zu den einzelnen Korrekturbereichen strukturiert und übersichtlich festzuhalten. Vor allem Kollegen mit wenig Korrekturerfahrung werden eine solche Zusammenschau zu schätzen wissen. Nicht zuletzt kann ein ausgefüllter und ausgewerteter Kriterienkatalog dem Schüler auch als **schriftliches Feedback** dienen, anhand dessen er die Stärken und Schwächen seines Aufsatzes erkennen und darauf reagieren kann. Ziel der Aufsatzbewertung ist es schließlich in erster Linie, dass der jeweilige Schüler seine schriftlichen Leistungen mittelfristig auf Grund von Rückmeldung verbessern kann. Schließlich kann ein sorgfältig ausgefüllter Kriterienkatalog sogar das klassische **Wortgutachten am Ende des Aufsatzes** ersetzen, was dem notorisch überarbeiteten Deutschlehrer ein gehöriges Stück Arbeit ersparen wird.

Selbstverständlich kann ein Kriterienkatalog zu einer bestimmten Aufsatzart jedoch nicht mit dem Anspruch auf Allgemeinverbindlichkeit auf dem Sinai gemeißelt werden. Die Beurteilung und Bewertung von Aufsätzen ist von den Rahmenlehrplänen einzelner Bundesländer abhängig, die z.B. folgende Fragen klären: In welcher Jahrgangsstufe muss der Schüler einen bestimmten Aufsatz verfassen? Wie viele Deutschstunden stehen zur Vorbereitung zur Verfügung? Welche ähnlichen Aufsatzarten wurden in den Jahrgangsstufen vorher bereits verfasst? Um sie an die jeweilige Lerngruppe anpassen zu können, müssen Kriterienkataloge deshalb veränderbar sein. Aus diesem Grund finden Sie sie gemeinsam mit den Schülermerkblättern zusätzlich zum Buch als **Word-Dateien auf der beigefügten CD.*** Damit können Sie bei Bedarf alle Informationen so abändern, dass sie zu 100 Prozent auf Ihre Klasse zugeschnitten sind. Wichtige **Hinweise zur Arbeit mit den Korrekturbögen** finden Sie am Ende des ersten Teils des Buches.

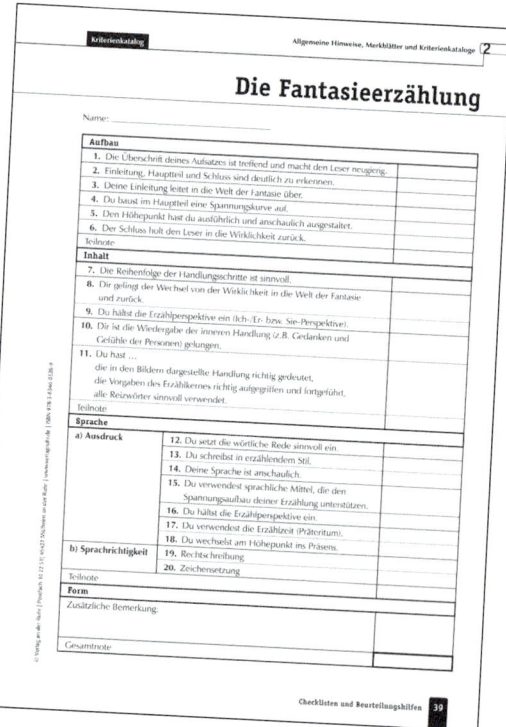

---

* Auf der CD befinden sich zwei Ordner: „Merkblätter" und „Kriterienkataloge". Innerhalb der Ordner sind Word-Dateien entsprechend den Aufsatzarten dieses Buches benannt und enthalten genau die Texte der Merkblätter und Kriterienkataloge aus Teil 2 „Allgemeine Hinweise, Merkblätter und Kriterienkataloge" (ab Seite 33). Diese Texte können Sie nun innerhalb der Dateien verändern und so individuell Ihren Unterrichtsinhalten anpassen.

Aufsätze korrigieren und bewerten – Grundlagen

1. Das Problem der Leistungs- beurteilung und -bewertung

Bei der Korrektur und Bewertung von Schüleraufsätzen muss der Lehrer verschiedene Anforderungen im Blick behalten. Zum einen ist die Leistungsbeurteilung an sich schon eine komplexe Aufgabe, bei der es verschiedene Aspekte zu berücksichtigen gilt. Die Leistungsbeurteilung bzw. -bewertung von Schüleraufsätzen im Deutschunterricht ist zudem noch einmal mit spezifischen Schwierigkeiten verbunden.

Die Leistungen der Schüler zu beurteilen und zu bewerten (meist in Form von Ziffernnoten), gehört für den Lehrer zwar zum Tagesgeschäft, aber gleichzeitig wohl auch zu den Aufgaben, die ihm am meisten Kopfschmerzen bereiten („Habe ich wirklich alle gerecht beurteilt? War die Fünf vielleicht doch noch eine Vier?") Leistungsmessung und -beurteilung erfordern **viel Fingerspitzengefühl und Sorgfalt**. Dies hängt nicht zuletzt mit den unterschiedlichen Funktionen der Leistungsbeurteilung* zusammen.

Die 5 Funktionen der Leistungsbeurteilung:

Berechtigungs-, Zuteilungs- und Selektionsfunktion

Noten eröffnen oder verbauen berufliche Chancen. Die individuelle Leistung eines Schülers entscheidet jedes Jahr aufs Neue, ob er in die nächste Jahrgangsstufe vorrückt. Zudem ist sie das zentrale Kriterium beim Wechsel auf eine weiterführende Schule, an die Hochschule oder den Eintritt in eine qualifizierte Berufsausbildung. Eine gute Leistungsbewertung – sprich: gute Noten –

ermöglicht bestimmte Karrierewege, eine schlechte Leistungsbewertung verhindert sie mit großer Wahrscheinlichkeit. **Die Orientierung am Leistungsprinzip** setzt Schüler unter Druck – vor allem leistungsschwache – und wird deshalb oft in Frage gestellt. Nichtsdestotrotz hat es eine wichtige gesellschaftliche Funktion:
Es soll bewirken, das bestimmte Positionen von der Person besetzt werden, die dafür am besten geeignet ist. Es soll also verhindern, dass Geburt oder Geschlecht über soziale Chancen entscheiden. Vor diesem Hintergrund wird deutlich, dass der Lehrer große Verantwortung bei der Leistungsbeurteilung trägt.

Sozialisierungsfunktion

Noten vermitteln Normen. Die Bewertung von Leistung ist eine Form der Sozialisierung, d.h. Übernahme sozialer Normen und Werte. Mit dem Eintritt in die Schule lernen Kinder neue Leistungsnormen kennen. Von nun an werden sie nicht mehr danach beurteilt, ob sie z.B. „brav" waren oder freundlich und höflich, sondern danach, welche Ergebnisse ihren Handlungen folgen. Sie lernen in diesem Zusammenhang auch, dass jeder verantwortlich ist für sein Verhalten bzw. seine Taten und Resultate. Daher hat die Leistungsbeurteilung in der Schule eine wichtigen Einfluss auf die **Entwicklung des Leistungsselbstbildes und des Selbstwertgefühls**.

---

* Vgl. zum Folgenden: Wengert, Hans Gert: Leistungsbeurteilung in der Schule. In: Bovet, Gislinde; Huwendieck, Volker (Hrsg.): Leitfaden Schulpraxis. Pädagogik und Psychologie für den Lehrerberuf. Berlin, 1994. S. 221–250.
Vgl. auch: Staatsinstitut für Schulqualität und Bildungsforschung München: Formen der Leistungserhebung im Fach Deutsch. München, 2005. S. 7–36.

Rückmeldefunktion

Noten vermitteln Informationen. Leistungsbeurteilungen haben Rückmeldefunktion für Schüler, Eltern und Lehrer. Der Schüler erfährt das Resultat seiner Lernbemühungen, der Lehrer erhält indirekt eine Rückmeldung über den Erfolg seines Unterrichts. In beiden Fällen müssen die Leistungsbeurteilungen von den Betroffenen selbst entsprechend gedeutet werden.

 ## Berichtsfunktion

Noten ziehen Bilanz. Durch die Leistungsbeurteilung erhalten die Eltern der Schüler Mitteilung über den **gegenwärtigen Leistungsstand** ihrer Kinder. Nicht selten nehmen sie diese Mitteilung zum Anlass, die Sprechstunden des Lehrers aufzusuchen oder zum Elternsprechtag zu kommen.

 ## Anreiz- und Disziplinierungsfunktion

Noten wirken als Belohnung oder Strafe. Noch bevor eine einzelne Schülerleistung tatsächlich beurteilt wird, entfaltet die Beurteilung eine Anreiz- und Disziplinierungsfunktion. Schüler empfinden eine gute Leistungsbeurteilung häufig als **„Belohnung"**, fürchten sich jedoch vor schlechten Noten (**Bestrafung**). Beides sorgt dafür, dass sie sich intensiver mit dem Lernstoff auseinandersetzen bzw. speziell für Klassenarbeiten lernen. Inwiefern dies nachhaltiges Behalten von Inhalten fördert, sei dahingestellt. Die Anreiz- und Disziplinierungsfunktion steht zumindest indirekt auch mit der Selektionsfunktion der Leistungsbewertung in Verbindung. Selbst Grundschüler sind sich z.T. schon bewusst, dass Noten eine entscheidende Bedeutung für ihre berufliche Zukunft haben, und streben deshalb gute Leistungsbewertungen an.

Beurteilung braucht Kriterien

Lehrer sollten sich die unterschiedlichen Funktionen von Leistungsbeurteilung immer wieder von Zeit zu Zeit ins Bewusstsein rufen. Selektionsfunktion und Disziplinierungsfunktion erklären z.B., warum Schüler (und Eltern) oft hartnäckig um die bessere Note „kämpfen" und großen Wert auf **nachvollziehbare Beurteilungen** legen. Damit Noten aber den hohen Ansprüchen an sie gerecht werden können, müssen die Tests, mit Hilfe derer sie ermittelt werden (Klassenarbeiten oder mündliche Prüfungen), bestimmte Kriterien erfüllen. In der psychologischen Testtheorie wurden sog. Testgütekriterien entwickelt, um die Qualität von Tests sicherzustellen. Die **drei wichtigsten Normen** sind auch für die Leistungsbeurteilung von Schülern von zentraler Bedeutung:

 ## Objektivität

Eine Leistung muss möglichst objektiv beurteilt werden. Das heißt, das Ergebnis der Beurteilung muss **vom Beurteiler unabhängig** sein. Wird ein Schüleraufsatz von zwei verschiedenen Lehrern beurteilt, sollten beide zum selben Urteil gelangen. Um die Objektivität einer Beurteilung zu steigern, werden deshalb Abschlussarbeiten immer mindestens von zwei Lehrern korrigiert. Der Zweitkorrektor sollte deshalb eine Kopie der Schülerarbeit erhalten und nicht die bereits korrigierte Fassung. Durch die Randbemerkungen des Erstkorrektors könnte er sonst in seinem Urteil beeinflusst werden. Auch bei gewöhnlichen Klassenarbeiten sollten Lehrer die Chance wahrnehmen, ihre Objektivität bei der Beurteilung zu überprüfen. Bitten Sie einen Kollegen, einige der Arbeiten, die Sie bereits beurteilt haben, ebenfalls zu bewerten, und besprechen Sie dann Ihre Ergebnisse. Eine möglichst objektive Beurteilung setzt außerdem voraus, dass vor der Korrektur Beurteilungskriterien festgelegt wurden. Damit die Objektivität des Urteils auch den Schüler überzeugt, sollten diese Kriterien ihm auch vorab mitgeteilt werden. Nur so werden Beurteilungen wirklich transparent. Korrekturbögen, wie Sie sie im zweiten Teil dieses Buches finden, unterstützen Sie dabei, so objektiv wie möglich zu bewerten.

 ## Reliabilität

Mit Reliabilität (Zuverlässigkeit) ist die **Genauigkeit** gemeint, mit der der Test – in diesem Fall die Klassenarbeit – eine Leistung misst. Will man dem Kriterium der Reliabilität genügen, setzt dies voraus, dass die gleichen Ergebnisse erzielt werden, führt man den Test unter gleichen Bedingungen noch einmal durch. Ein Problem stellen hier Multiple-Choice-Aufgaben dar, da sie es Schülern ermöglichen, dass Ergebnis zu erraten. Dieser Aufgabentyp wird jedoch bei einer komplexen Leistung, wie sie ein Aufsatz darstellt, nicht angewandt.

 ## Validität

Die Validität (Gültigkeit) eines Tests gilt dann als gegeben, wenn der Test das, was er zu messen vorgibt, auch tatsächlich misst. Dies ist grundsätzlich nur möglich, wenn der Lehrer sichergestellt hat, dass die gestellten Aufgaben nicht nur einen Bezug zu den zuvor thematisierten Inhalten haben, sondern diese tatsächlich abfragen. Des Weiteren sollte ein häufiger Fehler vermieden werden: Den Schülern darf für die Bewältigung der Aufgabe nicht zu wenig Zeit zur Verfügung gestellt werden. Wenn sie mit dem Schreiben des Aufsatzes schlicht nicht fertig werden, ist die schlechte Leistung nur bedingt auf ihre fehlenden Kompetenzen zurückzuführen.

Beurteilung braucht Bezugsnormen

Bei jeder Leistungsbeurteilung stellt sich die Frage: Woran soll die Leistung des Einzelnen gemessen werden? Es muss also für jeden Lehrer klar sein, welcher **Maßstab** zu Grunde gelegt werden soll. Im Wesentlichen lassen sich drei unterschiedliche Maßstäbe, so genannte Bezugsnormen, unterscheiden: die **kriteriumsbezogene**, die **soziale** und die **individuelle Bezugsnorm**.

 ## Kriteriumsbezogene Bezugsnorm

Wendet man die kriteriumsbezogene Bezugsnorm an, wird die Lernleistung eines einzelnen Schülers **in Beziehung zum Lernziel** (dem Kriterium) gesetzt. Eine Beurteilung, die sich allein an der kriteriumsbezogenen Bezugsnorm orientiert, führt lediglich zu der Feststellung: Der Schüler hat das Lernziel bis zu einem gewissen Grad erreicht. Wird eine differenziertere Leistungsbeurteilung gewünscht, so müssen andere Bezugsnormen in den Blick genommen werden.

 ## Soziale Bezugsnorm

Bei Anwendung der sozialen Bezugsnorm wird die Leistung z.B. eines einzelnen Schülers mit den **Leistungen der Mitglieder einer Bezugsgruppe** verglichen und vor diesem Hintergrund bewertet. In der Schule bildet in der Regel die Klasse bzw. der Kurs die Vergleichsgruppe. Vergleichsarbeiten und zentrale Leistungserhebungen (z.B. PISA) betrachten die Leistung eines Schülers indessen vor dem Hintergrund einer Referenzgruppe, die weit über die einzelne Klasse oder den Kurs hinausreicht. Ziel solcher Erhebungen ist eine **Rangordnung (Ranking)**, die sich im Schulalltag meist auf die Klasse als Lerngruppe bezieht. Dieses Lerngruppen-Ranking orientiert sich meist an der Gaußschen Normalverteilungskurve. Erhebliche

Abweichungen von dieser „Normalverteilung" nach unten oder oben muss der Lehrer vor der Schulleitung rechtfertigen. Schließlich kann eine solche Abweichung auch darauf hinweisen, dass die Arbeit als Test das oben genannte Gütekriterium der Validität nicht erfüllte. Die soziale Bezugsnorm ist entscheidend, wenn die Selektionsfunktion der Leistungsbeurteilung im Mittelpunkt steht.

Individuelle Bezugsnorm

Vergleicht man die gegenwärtige Leistung eines Schülers mit seinen früher gezeigten Leistungen, so wendet man die individuelle Bezugsnorm an. Individuelle Lernfortschritte (aber auch Rückschritte) sollten durch ein **differenziertes Wortgutachten** deutlich gemacht werden. Durch die Anwendung der individuellen Bezugsnorm können insbesondere auch die Schüler motiviert werden, deren momentane Leistung sich zwar gegenüber früheren Leistungen verbessert hat, die aber im Vergleich zur Referenzgruppe (soziale Bezugsnorm) immer noch schlecht abschneiden.

Bei der Korrektur von Schüleraufsätzen besteht die Gefahr, die **soziale Bezugsnorm** überzubetonen. Ein Aufsatz ist eine sehr komplexe Aufgabenstellung und wird deshalb in der Regel nicht mit Hilfe eines transparenten Punktesystems korrigiert. Das kann den Lehrer dazu verleiten, dass er seine Ansprüche nach der Durchsicht einiger Arbeiten dem bisher gezeigten Schülerniveau anpasst. Dies sollte allerdings nicht nur als Nachteil gesehen werden. Vielmehr bietet sich dem Deutschlehrer hier noch eine Möglichkeit, zu reagieren, wenn er z.B. feststellt, dass die Aufgabenstellung für die Lerngruppe zu schwer war.

2. Bewertungskriterien und -bereiche

Bei der Bewertung von Schüleraufsätzen muss sich der Lehrer grundsätzlich an den oben beschriebenen Testgütekriterien orientieren. Wie in der Einleitung bereits angesprochen, stellt der Anspruch der Objektivität dabei ein besonderes Problem dar. Um eine möglichst objektive Bewertung zu erreichen, mag es auf den ersten Blick sinnvoll erscheinen, die entsprechenden Kriterien in möglichst viele Einzelaspekte zu zerlegen. Dabei ist jedoch zu berücksichtigen, dass auch eine kleinschrittige Kriterienauswahl immer noch eine **subjektive Auswahl** darstellt und dass die Einzelheiten den Blick auf das Ganze verstellen können. Wer seine Kriterien allzu fein auffächert, sieht vielleicht „den Wald vor lauter Bäumen nicht mehr". Der Lehrer steht also vor der Aufgabe, eine Balance zu finden zwischen der Beurteilung der Einzelaspekte und seinem Gesamteindruck.

Bei der Aufsatzkorrektur können folgende **Bewertungsbereiche** unterschieden werden:

▸▸ **Inhalt**
▸▸ **Aufbau**
▸▸ **Sprache (sprachlicher Ausdruck, Sprachrichtigkeit)**
▸▸ **Form**

Nach diesen Bewertungsbereichen sind auch die Merkblätter für Schüler und die Kriterienkataloge im zweiten Teil des Buches strukturiert.

Bewertungsbereich Sprache

Da die Kriterien des Bewertungsbereiches Inhalt und Aufbau je nach Aufsatzart variieren und deshalb kaum zu verallgemeinern sind, sollen sie an dieser Stelle unerwähnt bleiben. Die **Allgemeinen Hinweise** und die **Kriterienkataloge** im zweiten Teil dieses Buches geben Ihnen jedoch zu jeder Aufsatzart grundlegende Informationen im Hinblick auf diese Bereiche. Im Folgenden wird der Bewertungsbereich Sprache mit seinen **Teilaspekten Sprachrichtigkeit und Ausdruck** näher erläutert. Die Darstellung umfasst allgemeine Überlegungen, Erfahrungsberichte sowie Tipps, wie Schüler üben können, Ausdruck und Sprachrichtigkeit zu verbessern.

Der Ausdruck im Aufsatz

In den meisten Unterrichtsfächern entscheidet einzig der Inhalt darüber, wie eine schriftliche Prüfung bewertet wird. Im Fach Deutsch ist das anders: Zwar spielt auch hier der Inhalt eine wichtige Rolle für die Bewertung, hinzu kommt jedoch als ganz wesentliche Kategorie der sprachliche Ausdruck. Neben die Frage „Was hat der Schüler geschrieben?" tritt die Frage „Wie hat er es geschrieben?". Dahinter verbirgt sich eine **dreifache Herausforderung:**

1. Für viele Schüler ist Deutsch das einzige Fach, dass den Anspruch an sie stellt, selbst Verfasstes **stilistisch zu überarbeiten**. In Geografie oder Geschichte, wo sie ebenfalls z.T. Texte verfassen, zählen nur Inhalte; der Stil hat kaum Auswirkungen auf die Bewertung des Geschriebenen. Anlass zum „Feilen" am eigenen Ausdruck gibt es also nur in einem einzigen Fach – Gelegenheiten zum Üben werden also entsprechend selten angeboten.

2. Aufgaben, die den sprachlichen Ausdruck schulen sollen, geben die Inhalte in der Regel vor. Der Schüler muss z.B. bei Übungen im Sprachbuch – aber auch bei diversen Tests (z.B. Lernstandserhebungen, PISA) – Ausdrucksschwächen nur erkennen und überarbeiten. Beim Aufsatz ist das anders: Hier beginnt der Schüler mit dem leeren Blatt, alle Inhalte muss er selbst erzeugen. Die Auseinandersetzung mit dem eigentlichen Inhalt („Was schreibe ich?") drängt sich dabei so in den Vordergrund, dass vielen Schülern die Zeit, Energie und Lust fehlt, nach getaner Arbeit den Text noch einmal auf Ausdrucksschwächen abzuklopfen („Wie schreibe ich?"). Nur sprachlich sehr begabte Schüler verstehen es, gleich beim Schreiben der Inhalte auf den Stil zu achten. Häufig übersehen aber auch sie, dass ein guter Text **immer ein überarbeiteter Text** ist.

3. Wer mit Schülern im Unterricht Ausdruck trainiert, wird von Zeit zu Zeit an die Grenzen des Erklärbaren stoßen („Warum ist das so besser ausgedrückt?"). Was ist guter Ausdruck eigentlich? Ist guter Stil am Ende doch eher eine individuelle Geschmacksfrage als etwas objektiv Festlegbares? Der langjährige Leiter der Hamburger Journalistenhochschule gibt darauf eine eindeutige Antwort:

„Gutes Deutsch lässt sich definieren. Es ist das anschauliche, saftige, elegante Deutsch – und für alle, die nicht auf einen Nobelpreis für Lyrik spekulieren, hat es vor allem eines zu sein: verständlich ohne Rückstand, lesbar ohne Mühe. Die Verständlichkeit ist längst in Gesetze gefasst, eine seriöse Wissenschaft hat sie aufgestellt; über die Eleganz sind sich alle Stillehrer ziemlich einig seit dem römischen Rhetor Quintilian, und die Großen der Literatur bieten ihre Muster an. Und dies alles ließe sich lehren? Wieder ja!"

(Schneider, Wolf. Deutsch! Das Handbuch für attraktive Texte. Reinbek bei Hamburg, 2006. S. 11)

Natürlich kann im Rahmen dieses Buches nicht dargelegt werden, was Wolf Schneider auf 300 Seiten entfaltet. Klar wird jedoch: Der sprachliche Ausdruck ist **keine Frage des subjektiven Empfindens** und keineswegs beliebig. Allerdings verlangen unterschiedliche Aufsatzarten, d.h. Textformen, auch unterschiedliche stilistische Ausrichtungen (mehr dazu im zweiten Teil des Buches bei den einzelnen Aufsatzarten).

Wie soll die Schulung des sprachlichen Ausdrucks nun aber konkret aussehen? In meiner Unterrichtspraxis haben sich die folgenden **fünf Maßnahmen** bewährt:

1. An erster Stelle stehen **allgemeine Übungen** zu einzelnen Aspekten des sprachlichen Ausdrucks (Wortfelder, Synonyme, Satzbau etc.), wie sie in jedem guten Sprachbuch zu finden sind.

2. Im Hinblick auf die Aufsatzart, die gerade vorbereitet wird, sollten zudem **spezifische Übungen** erfolgen. Besonders motivierend für die Schüler ist es, wenn der Lehrer gelungene Schülerbeispiele (z.B. aus einem Übungsaufsatz) zusammenstellt.

3. Während des Aufsatzes ist es wichtig, vor allem jüngeren Schülern einen **Zeitplan** vorzugeben, um der Gefahr vorzubeugen, dass sie die Zeit nur für das inhaltliche Schreiben nutzen. Ein solcher Zeitplan kann z.B. vorsehen, dass sich die Schüler dem Stil zwischen Minute 30 und 40 besonders widmen sollen. Ein Beispiel für solch einen Plan für die Aufsatzart Schilderung finden Sie auf S. 16 oben. Nach dreißig Minuten könnte der Lehrer – eventuell mit einem akustischen Zeichen – zusätzlich darauf hinweisen, dass es jetzt Zeit ist, sich mit dem sprachlichen Ausdruck zu befassen.

4. Schüler sollten im Rahmen der Aufsatzbeurteilung dem Bereich sprachlicher Ausdruck nicht nur in Form von Fehlerzeichen (z.B. „A" für: fehlerhafter Ausdruck; „W" für: Wiederholungsfehler etc.) am Rand begegnen. Melden Sie nicht nur die Fehler der Schüler zurück, kennzeichnen Sie auch **gelungene Formulierungen**, z.B. mit einem Smiley oder einem kurzen Kommentar („Schön formuliert!"). Das motiviert Schüler, dem Ausdruck ihres Aufsatzes in Zukunft vielleicht noch mehr Beachtung zu schenken. Im besten Fall finden Sie vielleicht sogar die Zeit, besonders gelungene Formulierungen auf einem Arbeitsblatt zu sammeln. Gerade im Aufsatzunterricht, wo mancher den Eindruck gewinnt, gute Noten seien immer nur für die selben Schüler reserviert, ist dies eine Chance für weniger erfolgreiche Schüler, mit einem guten Beispiel auf dem „Best of"-Arbeitsblatt zu glänzen.

5. Um die Schüler zu einer besseren Gestaltung ihres Aufsatzes anzuhalten, können sie vor der Klassenarbeit eine **Informationsseite mit Tipps** erhalten. Die darauf zusammengefassten Aspekte helfen ihnen bei der Vorbereitung und dem Verfassen des Aufsatzes.

Arbeitszeit (in Min.)	Tätigkeit
00:00 – 00:05	Notiere dir alle Einzelheiten, die dir zum Thema der Schilderung einfallen. Halte dich noch nicht mit genauen Formulierungen auf, sondern notiere viele Wahrnehmungen und Empfindungen.
05:00 – 30:00	Verfasse den Aufsatz.
30:00 – 40:00	Lies dir den Aufsatz (mit Lippenbewegungen) durch, und verbessere, was sich nicht gut anhört. Baue z.B. Attribute und Adjektive ein, und formuliere so, dass die Gegenstände lebendig werden (Personifikation!).
40:00 – 55:00	Überprüfe deinen Aufsatz in fünf Durchgängen: 1. **Präsenskontrolle:** Ersetze alle Verben im Präteritum (er kam) durch Verben im Präsens (er kommt). 2. **„Dass"-Kontrolle:** Kontrolliere jedes „das", ob es sich nicht doch um ein „dass" handelt, und setze, falls nötig, ein Komma. 3. **Kommakontrolle:** Kontrolliere, ob du auch bei kurzen Nebensätzen (sie haben ein eigenes Prädikat!) immer ein Komma gesetzt hast. 4. **Verbkontrolle:** Sind die Verben nominalisiert? Dann musst du sie großschreiben. 5. **Bruder-Leichtsinn-Kontrolle:** Überprüfe, ob du auch keine i-Punkte, Umlautpunkte (ö, ä, ü) oder letzte Buchstaben vergessen hast.
55:00 – 60:00	Lies den Aufsatz noch einmal (mit Lippenbewegungen) durch, führe letzte Verbesserungen aus, und freue dich, dass du bald fertig bist.

 ## Die Sprachrichtigkeit im Aufsatz

Zum gekonnten Umgang mit der Sprache zählt nun nicht nur der Ausdruck bzw. der Stil eines verfassten Textes, sondern auch die **korrekte Anwendung des sprachlichen Regelwerks**, hier mit dem Begriff „Sprachrichtigkeit" bezeichnet. Drei Bereiche spielen hier eine zentrale Rolle:

▸ **Rechtschreibung**
▸ **Zeichensetzung**
▸ **Grammatik**

Rechtschreibfehler, Zeichenfehler oder Grammatikfehler

Wer „nämlich" mit h schreibt, ist nicht dämlich, hat aber gegen die Regeln der Rechtschreibung verstoßen. Was aber ist mit einer Verwechslung von „das" und „dass"? Tatsächlich sollte dieser vermeintliche Rechtschreibfehler als **Grammatikfehler** gekennzeichnet werden, da der Schüler hier die grammatische Funktion des Wortes (Konjunktion) nicht erkannt hat. Auch Fehler im Bereich der Groß- und Kleinschreibung sind häufig grammatisch gefärbt: So beherrschen ältere Schüler die Groß- und Kleinschreibung meist einigermaßen, machen aber meist dort Fehler, wo ein Adjektiv oder ein Verb nominalisiert werden: *Der Autor sieht darin wenig Positives. Er will die Leser zum Nachdenken anregen.*

Auch die Fehler im Bereich der Zeichensetzung offenbaren häufig grammatische Probleme. In Satzgefügen mit einem sehr kurzen Teilsatz, z.B. *Ich vermute, der Autor will vor allem dieses Problem verdeutlichen,* setzen viele Schüler kein Komma, weil sie den Satz nicht als Satzgefüge wahrnehmen. Es wird deutlich, dass die Bereiche **Orthografie**, **Interpunktion** und **Grammatik** miteinander verzahnt sind. Eine künstliche Trennung ist im Hinblick auf den Aufsatzunterricht daher wenig sinnvoll. Orthografieunterricht ist immer auch Grammatikunterricht und umgekehrt.

Viele Deutschlehrer stellen bei der Aufsatzkorrektur fest: Schüler verstoßen im Aufsatz oft viel häufiger gegen die Sprachrichtigkeit, als dies ihrer tatsächlichen Sprachkompetenz entspräche: So beherrschen fast alle Schüler weiterführender Schulen nach kurzer Zeit die Unterscheidung von „das" und „dass" in Einsetzübungen. In bewerteten Aufsätzen macht jedoch fast die Hälfte der Schüler mindestens einen das/dass-Fehler, viele schreiben die Konjunktion „dass" sogar durchgehend falsch. Der Grund liegt abermals in der **Inhaltsfixierung beim Schreiben**. Sie führt dazu, dass die Rechtschreibung nur eine Statistenrolle spielt – d.h. niemand beachtet sie wirklich. Viele Schüler schreiben, von der Furcht getrieben, nicht fertig zu werden, so flüchtig, dass sie häufig sogar am End Buchstabe weglass. Andere schreiben zu viel, sodass sie keine Zeit mehr finden, den Aufsatz noch einmal auf Fehler hin zu überprüfen.

Wege zur verbesserten Orthografie im Aufsatz

Für viele Schüler wird die Herausgabe des Prüfungsaufsatzes zu einem bösen Erwachen, denn

bei der Bewertung macht der Bereich der Sprachrichtigkeit meist ein Drittel, mindestens aber ein Fünftel der Gesamtnote aus. Es empfiehlt sich daher, die Schüler im Unterricht auf folgende Weise vorzubereiten:

▸▸ Besprechen Sie mit den Schülern, dass Rechtschreibung und Zeichensetzung die Bewertung des Aufsatzes wesentlich beeinflussen. Der Blick auf die Teilnoten veranlasste einige meiner Schüler früher häufig zu der Äußerung: „Zählt die Rechtschreibung denn auch für die Note? Ich dachte, dass sei nur so angestrichen." Die Schülermerkblätter und Kriterienkataloge im zweiten Teil des Buches gehen bei allen Aufsätzen auch auf das Thema Rechtschreibung und Zeichensetzung ein, um diesem Missverständnis vorzubeugen.

▸▸ Schüler machen deutlich weniger Fehler, wenn Sie die Arbeitszeit vorstrukturieren. Auch der Hinweis: „Um neun Uhr müsst ihr mit dem Aufsatz fertig sein. Die letzten zehn Minuten muss jeder nach Rechtschreib- und Kommafehlern suchen." führt in der Regel zu einer verbesserten Leistung im Bereich der Sprachrichtigkeit.

Natürlich können diese Maßnahmen einen intensiven Sprachunterricht nicht ersetzen, sie können aber Schülern helfen, ihre tatsächliche Sprachkompetenz im Aufsatz auch angemessen zur Geltung zu bringen.

Welche Rechtschreibnote bei welchen Fehlern?

An vielen Schulen kursieren **Tabellen**, die einer bestimmten Fehlerzahl pro Seite eine bestimmte Teilnote für den Bereich der Sprachrichtigkeit zuordnen. Dabei wird dann manchmal auch zwischen einer kleinen, einer normalen und einer großen Schrift unterschieden. Als Beispiel hierfür die folgende Aufstellung auf Seite 18, die unter anderem an einigen bayerischen Realschulen angewandt wird.

Fehler im Bereich der Sprachrichtigkeit (Kürzel: R, Gr; K; Kommafehler zählen als halbe Fehler)

Max. – Fehler je Seite	1	2	3	4	5	6
Große Schrift	0,9	2,6	4,3	6,9	9,4	> 9,4
Mittlere Schrift	1	3	5	8	11	> 11
Kleine Schrift	1,1	3,4	5,7	9,1	12,6	> 12,6

Schrifttabelle

Große Schrift	durchschnittl. weniger als 6 Wörter pro Zeile	180 Wörter pro Seite
Mittlere Schrift	durchschnittl. 6 – 8 Wörter pro Zeile	210 Wörter pro Seite
Kleine Schrift	durchschnittl. mehr als 8 Wörter pro Zeile	240 Wörter pro Seite

Gemäß dieser Tabelle hat also ein Schüler, der 17,5 Fehler in seinem Aufsatz macht und etwa 3 ½ Seiten geschrieben hat (normale Schriftgröße), pro Seite 5 Fehler. Gemäß der Tabelle würde ihm dies noch die Teilnote 3 sichern. Eine solche Tabelle kann ein Anhaltspunkt für die Korrektur der Sprachrichtigkeit sein bzw. kann für eine gerechte Gewichtung der Fehler sorgen. Wer Sprachfehler nie nachzählt, weil er dies für „Erbsenzählerei" hält, fällt gerne jenem **Halo-Effekt** anheim, wonach die Leistung eines Schülers in einem Bereich oft die Leistung desselben in einem anderen Bereich überstrahlt: Nimmt man die Rechtschreibfehler des ordentlichen, inhaltlich hervorragend arbeitenden Schülers wirklich genau so wahr, wie jene des Schmierfinks, der die simpelsten Textsortenmerkmale noch immer nicht beherrscht? Das genaue Nachzählen der Fehler kann zu überraschenden Einsichten führen! Dennoch sprechen viele Argumente dafür, diese Tabelle auch kritisch zu hinterfragen:

▸ Wenn die Fünftklässlerin bei der Fantasieerzählung einen „alten Krug findet", wird sie ihre Formulierung eher richtig schreiben als ihr Banknachbar, der auf eine „Vase mit eingravierten Verzierungen" stößt. Aber muss ein Fünftklässler überhaupt schon wissen, wie man „eingraviert" schreibt? Ist es nicht höchsterfreulich, dass er sich überhaupt an schwierigeres Vokabular heranwagt? Eine allzu konsequente „Fehler ist Fehler"-Haltung könnte ihn eventuell in Zukunft davon abhalten, einen differenzierteren Wortschatz zu verwenden.

▸ Natürlich sind alle sprachlichen Fehler zu markieren. Sie jedoch immer auch als Fehler zu zählen, ist nicht immer sinnvoll. Schließlich erwerben die Schüler erst im Verlauf ihrer Schulzeit jene Kenntnisse und Fertigkeiten, die sie in die Lage versetzen, ein Komma richtig zu setzen, Nominalisierungen von Verben oder Adjektiven zu erkennen etc. Die Tabelle ist also **an die unterschiedlichen Jahrgangsstufen anzugleichen**. Auch die Schulform sollte berücksichtigt werden.

Lese-/Rechtschreibschwierigkeiten (LRS)

Deutschlehrer müssen bei der Korrektur eines Aufsatzes berücksichtigen, ob sein Verfasser evtl. unter so genannten Lese- und Rechtschreibschwierigkeiten (LRS) leidet. LRS stellt ein sehr komplexes Problemfeld dar und soll deshalb im Folgenden nur kurz umrissen werden, um ihre Auswirkungen auf die Bewertung von Aufsätzen deutlich zu machen. Alle Kinder machen beim Erlernen des Lesens und Schreibens typische Fehler. Bei einigen jedoch verfestigen sich während dieses Prozesses Schwächen, die von der normalen Entwicklung abweichen. Die Bandbreite dieser Schwachpunkte beim Lesen und/oder Schreiben reicht dabei von leichten Lese- und Rechtschreibschwierigkeiten bis hin zu einer extremen Lese- und Rechtschreibstörung. Da es sich beim Lesen und Schreiben um eine Kernkompetenz schulischer Bildung handelt, kann LRS die gesamte schulische und persönliche Entwicklung eines Kindes beeinträchtigen. Viele betroffene Kinder konnten in der Vergangenheit ihr kognitives Potenzial nicht ausschöpfen. Erlasse der einzelnen Bundesländer sehen deshalb bestimmte Maßnahmen vor, um eine Benachteiligung der betroffenen Kinder, v. a. bei der Bewertung von Leistungen im Fach Deutsch, zu verhindern. In der Regel entscheidet ein **psychologisches Gutachten** über diese Maßnahmen. Daraus lassen sich für den Bereich des Aufsatzes folgende Konsequenzen ableiten:

» Die Diagnose ist mit **Empfehlungen** verbunden, die für den Lehrer verbindlich sind. Bei einer ausgeprägten LRS kann dies dazu führen, dass Rechtschreibleistungen überhaupt nicht bewertet werden dürfen. Die Rechtschreibleistung fällt also aus der Gesamtnote des Aufsatzes heraus. Allerdings stellt sich dann immer noch die pädagogische Frage, ob alle Fehler gekennzeichnet werden sollten. Diese Entscheidung obliegt meist dem Lehrer. Manche Schüler fühlen sich regelrecht als Versager, wenn der ganze Aufsatz rot ist, andere wiederum geben sich keine Mühe mehr, wenn nichts angestrichen wird.

» Fordert das Gutachten dazu auf, die **Rechtschreibleistung zurückhaltend zu bewerten,** so kann der Lehrer die Note für die Sprachrichtigkeit zu einem geringeren Anteil als sonst in die Gesamtnote einfließen lassen.

» Häufig enthält das Gutachten auch die Empfehlung, bei Klassenarbeiten einen **Zeitzuschlag** zu gewähren oder dem Schüler einen zu bearbeitenden Text vorzulesen. Hier sollte sich der Lehrer vorab überlegen, wie er dieser Empfehlung organisatorisch am besten nachkommen kann.

Deutschlehrer können ohne eine entsprechende Zusatzausbildung den Befund LRS nicht diagnostizieren. Nicht zuletzt wegen der Aufsatzkorrektur wird er jedoch immer einer der Ersten sein, dem Fehler auffallen, die auf LRS hinweisen. Und da LRS ein Problem ist, das gewöhnlich nicht einfach verschwindet, durch gezielte (meist außerschulische) Fördermaßnahmen aber reduziert, bisweilen auch überwunden werden kann, sollten Sie beim Verdacht auf LRS das Gespräch mit dem Klassenleiter und den Eltern suchen, um weitere pädagogische Maßnahmen in die Wege zu leiten.

Bewertungsbereich Form?

Gerade ein Aufsatz, der gründlich überarbeitet wurde, in dem Wortwiederholungen z.B. erkannt und ausgebessert wurden, sieht äußerlich manchmal chaotisch aus. Stünde dem Schüler für die Klassenarbeit ein Computer mit Textverarbeitungsprogramm zur Verfügung, wäre das Ergebnis ein anderes. Allerdings gibt es auch Verstöße gegen die Form, die unnötig und ärgerlich sind. Daher sehen viele Schulordnungen durchaus die Möglichkeit vor, **die äußere Form mitzubewerten.** Manche Schüler schreiben unter Zeit- und Prüfungsdruck mit einer Handschrift, die die Grenzen der Lesbarkeit überschreitet, streichen Wörter ohne Lineal aus oder schreiben durchgehend in den Korrekturrand, sodass der Korrektor später häufig große Probleme hat, das Geschriebene überhaupt zu entziffern. Da Schüler auch lernen sollten, auf die äußere Form ihrer Arbeiten zumindest grundlegend zu achten und einigermaßen leserlich zu schreiben, kann es in manchen Fällen sinnvoll sein, ein allzu nachlässiges Schreiben auch in die Bewertung mit einfließen zu lassen. Meines Erachtens reicht jedoch der deutliche Hinweis auf diese Möglichkeit aus, die Schüler dazu zu motivieren, sich um eine saubere äußere Form zu bemühen. Von der grundsätzlichen Bewertung mit einer eigenen Teilnote würde ich hingegen abraten. Der Aufforderung, den Aufsatz intensiv zu überarbeiten, würde dies zuwiderlaufen; denn kommt der Schüler ihr nach, beeinträchtigt dies zwangsläufig die äußere Form seiner Arbeit.

3. Korrekturzeichen und Randbemerkung

In jeder Schule sollte unter allen Deutschlehrern ein verbindlicher Konsens darüber bestehen, welche Korrekturzeichen bei der Aufsatzkorrektur verwendet werden. Denn Schülern sollte nicht zugemutet werden, sich jedes Schuljahr an andere Kürzel zu gewöhnen. Informieren Sie Ihre Schüler über die Bedeutung der Abkürzungen.

Im Allgemeinen kommen folgende Korrekturzeichen zum Einsatz:

A: Ausdrucksfehler

Bz: Bezugsfehler

G bzw. Gr: Grammatikfehler

I bzw. In: inhaltlicher Fehler

R: Rechtschreibfehler

Sb: Satzbaufehler

Sz: Satzzeichenfehler (Zeichensetzungsfehler)

T bzw. Z: Tempus- bzw. Zeitfehler

Tr: Trennungsfehler

W: Wortwiederholung

Zus?: gedanklicher Zusammenhang unklar

⊻: Kennzeichnung von Auslassungen

Bei der Korrektur von Aufsätzen jüngerer Schüler ist es bei einigen Fehlerarten (z.B. Rechtschreib- und Grammatikfehler) sinnvoll, nicht nur den Fehler mit dem entsprechenden Korrekturzeichen zu markieren, sondern die richtige Version über die falsche zu schreiben. Dies sollte allerdings nicht mehr geschehen, wenn diese spezifische Form des Fehlers bereits im Unterricht thematisiert wurde (z.B.: „nämlich" statt „nähmlich", „des Hundes" statt „des Hund").

Ist der Rand ohnehin schon mit vielen Korrekturzeichen „verziert", können zusätzliche **Randbemerkungen** zu viel des Guten sein. Schüler oder Eltern – und der Korrektor selbst – finden sich in einem roten „Korrekturgewimmel" nur schlecht zurecht. Ich halte Randbemerkungen für sinnvoll, wenn genug Platz dafür vorhanden ist und sie kurz und prägnant formuliert sind. Widersprechen sich z.B. zwei benachbarte Stellen im Aufsatz, kann dies mit einer Klammer am Rand und der Bemerkung „Widerspruch" am besten verdeutlicht werden. Randbemerkungen sollten auch dazu genutzt werden, gelungene Stellen zu kommentieren („gut", „anschauliche Formulierung", „interessanter Gedanke" oder mit einem Smiley).

4. Ziffernnoten und Worturteil

Im Unterrichtsfach Deutsch muss der Lehrer nicht nur die Fehler des Schülers korrigieren und diese Korrekturen mit einer Note abschließen. Er muss außerdem seine Beurteilung schriftlich begründen.

Das aussagekräftige Worturteil: Kriterien

Die Verbalbeurteilung muss zu den unterschiedlichen Bewertungsbereichen Stellung beziehen und die **Stärken und Schwächen** der Schülerarbeit benennen. Dadurch soll dem Verfasser eine Rückmeldung gegeben werden, an die er bei seiner weiteren Arbeit anknüpfen kann. Die Verbalbeurteilung muss dafür jeden der einzelnen Bereiche des jeweiligen Aufsatzes ansprechen (Inhalt, Aufbau, Sprache, Form o.Ä.). Die Gewichtung der einzelnen Teilbereiche legt der Lehrer in der Regel selbst fest, da sich die Gewichtung der einzelnen Bewertungsbereiche des Aufsatzes an den Schwerpunkten des vorausgegangenen Unterrichts orientieren muss. Wurde z.B. der richtige Sprachduktus bzw. fachlich richtiges Vokabular beim Unfallbericht intensiv geübt, so sollten Verstöße dagegen auch besonders gewichtet werden. Jahrgangsstufe und Schulform geben allerdings meist einen gewissen Orientierungsrahmen für die Gewichtung vor. Ein gutes Wortgutachten erfüllt seine Rückmeldefunktion allerdings nur dann, wenn es in einer Sprache verfasst ist, die der Schüler auch versteht. Auf Fremdwörter und abstrakte Begriffe sollte daher verzichtet werden. Kommentare zu den Schwächen oder Stärken des Aufsatzes sollten mit konkreten Beispielen aus dem Aufsatz belegt werden. Das Worturteil kann auch dem **individuellen Lernfortschritt** des Schülers Rechnungen tragen – das wirkt sich besonders bei schwachen Schülern, deren Lernfortschritte klein, aber stetig sind, sehr positiv auf die Motivation aus – sie bleiben eher „am Ball". Auch konkrete Hilfen oder Übungstipps können genannt werden („Wiederhole noch einmal die Ausdrucksübungen im Sprachbuch, S. X.").

Welches Worturteil für welche Note?

Bei den Formulierungen, die verwendet werden, muss außerdem darauf geachtet werden, dass sie in ihrer Bewertung **mit der Note übereinstimmen**. Vor allem Berufsanfängern fällt es mitunter schwer, eine mit „Drei" bewertete Schülerarbeit verbal so zu beurteilen, dass die getroffenen Aussagen auch einer befriedigenden Leistung entsprechen. Manchmal sehen sich Schüler mit einer „Drei" im Aufsatz mit einem Worturteil konfrontiert, dass einer „Mängelliste" gleicht, und deshalb weniger auf eine „befriedigende", als auf eine „mangelhafte" Leistung schließen lässt. Deshalb gilt es, bei der Beurteilung **Schwachstellen und Gelungenes im entsprechenden Verhältnis zueinander** zu kommentieren. Als Beispiele werden im Folgenden einige Beispiele für Wortgutachten mit dazugehöriger Ziffernnote gegeben.

Die Verbalbeurteilungen beziehen sich auf Erlebniserzählungen in der fünften Klasse. Dem bewerteten Aufsatz ging ein Übungsaufsatz voraus, auf den in der Schlussbemerkung vor allem dann Bezug genommen wurde, wenn der Schüler seine Leistung steigern konnte. Da es sich in dieser Klasse um die erste Schulaufgabe an der neuen Schule handelte, mussten die Bemerkungen einen Spagat leisten: Einerseits sollten sie kongruent sein mit der Note, andererseits sollten sie die Schülerin für die künftige

Schullaufbahn bestärken. Das Verbalurteil spricht den Verfasser des Aufsatzes direkt an, um eine **persönliche und direkte Wirkung** zu erzielen.

Note 1:

Sarah, du erzählst dein Erlebnis im Schwimmbad hervorragend. Deine Erzählung wird vor allem dadurch anschaulich, dass du Adjektive (Eigenschaftswörter) gekonnt einsetzt und deine Gefühle genau wiedergibst. Dein sprachliches Können ist sehr groß. Fehler im Bereich der Rechtschreibung treten fast nur in komplizierten Fällen auf. Du hast die beste Arbeit der Klasse geschrieben, die die Note „Eins" voll verdient. Weiter so! (1)

Note 2:

Miriam, du hast dich im Vergleich zum Übungsaufsatz diesmal erfreulicherweise darauf beschränkt, ein einziges Erlebnis in den Mittelpunkt deiner Erzählung zu rücken. Du führst gut in die Situation ein, steigerst dann die Spannung und beschreibst sehr anschaulich das schöne und zugleich schaurige Übernachten im Zelt. Du hast die Zeichensetzung bei der wörtlichen Rede weitestgehend richtig angewandt. Passe im Bereich der Rechtschreibung noch stärker auf die Groß- und Kleinschreibung auf. Insgesamt eine gute Leistung. (2)

Note 3:

Pia, die Fehlerzahl im Bereich der Rechtschreibung ist diesmal erfreulicherweise deutlich niedriger als im Übungsaufsatz. Das eigentliche Erlebnis hast du diesmal aber leider sehr flüchtig erzählt. Während die Zeit vor dem Schwimmbad sehr ausführlich beschrieben wird, verzichtest du fast völlig darauf, die Momente des bangen Suchens und des plötzlichen Findens genauer wiederzugeben. Achte also künftig stärker darauf, was sich im Innenleben der Personen abspielt. Insgesamt noch eine befriedigende Leistung! (3–)

Note 4:

Christiane, der Inhalt deines Aufsatzes ist an vielen Stellen leider nur sehr lückenhaft wiedergegeben. Der Leser erfährt weder, wer dieser Lukas eigentlich ist, noch was genau passiert ist. Gerade dort, wo es besonders spannend ist, erzählst du zu knapp. Das Gespräch, das Wochen nach dem Erlebnis stattfindet, gibst du dagegen zu ausführlich wieder. Versuche künftig auch, weniger sprunghaft zu erzählen. In sprachlicher Hinsicht hast du dich um Abwechslung bemüht, die Anzahl der Rechtschreibfehler kannst du jedoch noch verringern. Die Regeln der Zeichensetzung bei der direkten Rede wurden im Unterricht ausführlich behandelt. Insgesamt eine ausreichende Leistung. (4+)

Note 5:

Rachel, ein unerwartetes Zusammentreffen mit einer Freundin ist zweifelsohne ein schönes Erlebnis. Warum schreibst du nicht ausführlicher darüber? Du hättest z.B. mehr von deinen Gefühlen oder von eurem Gespräch, das ja sicher mehr Worte enthielt, erzählen können. Versuche, in künftigen Erlebniserzählungen unbedingt mehr zu schreiben, denn das, was du schreibst, hast du gut formuliert. Bei der Groß- und Kleinschreibung unterlaufen dir noch zu viele Fehler. Insgesamt keine ausreichende Leistung mehr. (5+)

Um die Schulaufgabe herauszugeben, sollte mindestens eine Stunde eingeplant werden. Es ist sinnvoll, den Schülern noch einmal die wichtigsten Bewertungskriterien zu verdeutlichen. Ein **Arbeitsblatt zur Korrektur**, das auf Gelungenes und Fehlerschwerpunkte hinweist – natürlich ohne einzelne Schüler bloßzustellen – unterstützt das nachhaltige Lernen.

Schlussbemerkung – muss das sein?

In den meisten Bundesländern fordert die Schulordnung, dass bei Klassenarbeiten im Fach Deutsch eine **zusammenfassende, individuelle Schlussbemerkung** angefertigt werden muss, die auf die Teilbereiche Inhalt und Sprache eingeht und die Gesamtnote begründet.

Aktuell findet in der Fachdidaktik eine kontroverse Diskussion darüber statt, ob ein Korrekturbogen, in diesem Buch „Kriterienkatalog" genannt, wie ihn dieses Buch enthält, **eine klassische Schlussbemerkung ersetzen kann**.

Verfechter der Schlussbemerkung haben sicherlich nicht unrecht, wenn sie anmerken, dass das eigens für den Schüler formulierte Verbalurteil am stärksten auf die individuelle Leistung des Einzelnen eingehen kann, zumal kein noch so differenzierter Korrekturbogen alle für die Gesamtnote relevanten Aspekte auflisten kann.

Ich bin nach langjähriger Erfahrung im „Korrekturhandwerk" der Meinung, dass ein Korrekturbogen die Schlussbemerkung ersetzen kann, wenn er bestimmte Anforderungen erfüllt. Diese Ansprüche wurden bei der Konzeption der Korrekturbögen im zweiten Teil dieses Buches berücksichtigt. Folgende Überlegungen seien der strikten Forderung nach einer verbalen Schlussbemerkung in Form eines zusammenhängenden Textes deshalb entgegengehalten:

▸▸ Es entspricht nicht der Realität des täglichen Unterrichts, dass, wer im Verlauf des Schuljahres Hunderte von Aufsätzen korrigiert, fortwährend individuelle Bemerkungen verfasst. Über kurz oder lang schleichen sich auch in die Verbalurteile **feste Formeln** ein, die nicht mehr weit entfernt sind von denen des Korrekturbogens.

▸▸ Auch mit Hilfe des Korrekturbogens kann auf die individuellen Besonderheiten der jeweiligen Schülerleistung eingegangen werden. Die Korrekturbögen in diesem Buch lassen **Raum für individuelle Bemerkungen**, die über die vorgegebenen Aspekte hinausreichen und es ermöglichen, bei Bedarf noch genauer auf die Einzelleistungen einzugehen.

▸▸ Die Korrekturbögen in diesem Buch gehen auf **alle Teilbereiche ein**, auf die sich auch die Schlussbemerkung beziehen sollte. Sie erfüllen deshalb alle inhaltlichen Anforderungen des herkömmlichen Verbalurteils.

▸▸ Bei der Herausgabe des Aufsatzes erhält der Schüler einen sorgfältig ausgefüllten – eventuell sogar individuell ergänzten – Korrekturbogen als Rückmeldung. In seinem Aufsatz selbst und am Rand desselben findet er in der Regel zahlreiche weitere Anmerkungen des Lehrers, die sich konkret auf den Text beziehen. Reicht diese Vielzahl an Informationen wirklich nicht aus, um dem Schüler eine **verständliche, umfassende Rückmeldung zu seiner Leistung und Perspektiven für die Weiterarbeit** zu geben? Dr. Klaus Dautel, der Fachleiter für Deutsch am Seminar Stuttgart II, gibt auf die Frage nach der Notwendigkeit einer weiteren zusammenfassenden Schlussbemerkung eine meines Erachtens sehr treffende Antwort:

> *„Doch leistet hier der Lehrer nicht Stellvertreter-Arbeit, wie so oft? Macht er es dem Schüler dadurch leichter, indem er ihm die Mühe des Nachvollzugs abnimmt? Gehört dies nicht – so sei noch hinzugefügt – in die Abteilung: Lehrer arbeitet, Schüler nimmt zur Kenntnis und hakt ab?"*
>
> (Dautel, Klaus: Arbeitsökonomie und Transparenz. Über die Erstellung und den Einsatz von Korrekturbögen. In: Deutschmagazin. Ideen und Materialien für die Unterrichtspraxis 5–13. Heft 4. München, 2007. S. 56)

▸▸ Der Ersatz der Schlussbemerkung durch einen Korrekturbogen stellt für den korrigierenden Lehrer eine **Arbeitserleichterung** dar. Diese kommt letztlich auch den Schülern zugute, weil die gewonnene Zeit für die Stundenvorbereitung und die Erstellung von Übungsformen zum Aufsatz genutzt werden kann.

Natürlich muss, wie bei der Schlussbemerkung auch, dafür gesorgt werden, dass der ausgefüllte Korrekturbogen immer beim Aufsatz bleibt, sodass die Note jederzeit nachvollzogen werden kann. Sie können beispielsweise den Korrekturbogen an den Aufsatz klammern bzw. kleben.

5. Korrigieren mit Kriterienkatalog

Aufsatzkorrekturen sind sehr arbeitsintensiv. Deutschlehrer verbringen in regelmäßigen Abständen ganze Wochenenden damit zu. Die bisherigen Ausführungen in diesem Buch machen deutlich, warum. Der Lehrer hat die Pflicht, die Bewertung jeder individuellen Schülerarbeit zu begründen, und muss dabei auf einzelne Bewertungsbereiche gesondert eingehen. Dabei möchte kein Deutschlehrer in Frage stellen, dass der Schüler diese **detaillierte Rückmeldung** – die es in dieser Form sonst in keinem anderen Fach gibt – verdient, denn auch er investiert in einen Aufsatz viel Zeit und Mühe, und nur eine ordentliche Rückmeldung wird der komplexen Leistung eines Aufsatzes gerecht.
Dennoch kann – wie oben bereits erwähnt – ein Kriterienkatalog diese Ansprüche ebenso erfüllen und gleichzeitig dem Deutschlehrer die Arbeit erleichtern. Natürlich müssen diese Bögen auf jede einzelne Aufsatzart zugeschnitten sein und weitere Ansprüche erfüllen. Wie lässt sich aber mit solchen Hilfen grundsätzlich arbeiten? Was gilt es dabei zu beachten? Aufbau und Verwendung der Bögen soll im Folgenden erläutert werden. (Die Kriterienkataloge finden Sie im zweiten Teil des Buches.)

Aufbau der Kriterienkataloge

Die Grobstruktur der Korrekturbögen orientiert sich an den **Bewertungsbereichen Aufbau, Inhalt, Sprache und Form**. Jeder Bereich wird durch mehrere Unterkriterien unterfüttert. Sie sind so formuliert, dass sie den **„Optimalfall"** beschreiben.

Beispiel: Kriterienkatalog zur Schilderung

1. Aufbau	
Der Leser wird vom ersten Satz an unmittelbar in die geschilderte Situation versetzt.	
Die Eindrücke wurden nachvollziehbar angeordnet.	

Während der Korrekturdurchgänge können Sie auf den Linien hinter den Einzelkriterien vermerken, inwieweit der Schüler das hier formulierte Anspruchsniveau erfüllt.

Sie können Ihre Einschätzung …

▸▸ **als Wörter (teilweise; überwiegend …),**

▸▸ **Zahlen** oder

▸▸ **skalierte Symbole notieren, die für unterschiedliche Leistungsniveaus stehen (++, +, 0, –, ––).**

Die Korrekturbögen wurden so formuliert, dass Sie sie einerseits für die Korrektur verwenden können, andererseits auch, um dem Schüler seine Aufsatzleistung detailliert rückzumelden. Sie können sie als Feedbackbögen der Schülerarbeit beilegen und damit das Verbalurteil ersetzen. (Klären Sie jedoch vorab mit Ihrem Fachschaftsvorsitzenden ab, ob dies an Ihrer Schule grundsätzlich möglich ist.)

Ich bin davon überzeugt, dass gerade letzteres Vorgehen erheblich dazu beitragen würde, die **Bewertung des Aufsatzes für Schüler (und Eltern) transparenter zu machen**. Das setzt allerdings voraus, dass die einzelnen Kriterien den Schülern bekannt sind. Aus diesem Grund finden Sie im zweiten Teil dieses Buches neben den Kriterienkatalogen auch Merkblätter für die Schüler, welche die Anforderungen jeder einzelnen Aufsatzart kompakt zusammenfassen.

Vom Kriterienkatalog zur Note

Sie haben den Aufsatz mit Korrekturzeichen (evtl. auch mit weiteren Randbemerkungen) versehen und den Korrekturbogen ausgefüllt. Am angenehmsten wäre es jetzt, alle Plus- und Minuszeichen einfach miteinander zu verrechnen, und schon hätten Sie sie ermittelt: die faire und objektive Aufsatznote! Doch weder wollen noch können Korrekturbögen dies leisten. Ein solches Verfahren würde in keinem Fall einem Aufsatz gerecht. Jeder Lehrer mit Korrekturerfahrung weiß, dass mancher Aufsatz auch gelungen ist, obwohl er **nicht alle Kriterien mustergültig erfüllt**. Umgekehrt gilt auch: Würde man alle Kriterien geflissentlich umsetzen, käme nicht automatisch eine exzellente Arbeit heraus. Gerade beim Aufsatz bestätigt sich einmal mehr die aristotelische Weisheit, wonach das Ganze mehr ist als die Summe seiner Teile. Die Bewertung eines Aufsatzes bleibt eine hermeneutische Übung, die nichts mit Erbsenzählerei zu tun hat.

Ist der Korrekturbogen vollständig ausgefüllt, geben Ihnen Ihre Vermerke einen **sofortigen Überblick über die Einzelleistungen** des Schülers in den Bewertungsbereichen. Wie aus den bewerteten Einzelkriterien Teilnoten ermittelt werden, muss jedoch jeder Lehrer selbst entscheiden können. Hier müssen sowohl die Schwerpunkte der Aufsatzart wie auch die Schwerpunkte der Vorbereitung im Unterricht in Betracht gezogen werden.

Der Weg vom Aufsatz zur Note soll anhand zweier Schilderungen (7. Jahrgangsstufe) im Folgenden genau dargestellt werden. Ziel dieser Aufsatzart ist es, dem Leser den Eindruck zu vermitteln, während des Lesens an der geschilderten Situation teilzuhaben. Deshalb muss der Verfasser Wahrnehmungen, Gefühle und Gedanken möglichst anschaulich und detailliert wiedergeben. Das Thema der folgenden Aufsätze lautete: „Auf dem Landshuter Wochenmarkt".

Schilderung

☺ Allit.

Laute Stimmen, eine Menge müder Gesichter und viele „Guten Morgen"-Rufe. Natürlich, ich befinde mich auf dem Landshuter Wochenmarkt. Langsam und gemütlich schlendere ich durch den schon fast vollen Markt. Eine Reihe von Hausfrauen stellen sich mit ihren großen Einkaufskörben an den vielen Buden und Metzgershäuschen an. Mit gierigem Blick auf das Sonderangebot quetscht sich eine dicke Frau durch die anstellende Menschenmenge. Ein herrlicher Duft steigt mir in die Nase, als ich an der Bäckerbude mit den vielen leckeren, frischen und knusprig braunen Vollkornbroten vorbei gehe. Ich höre ein leises aber deutliches Brummen des Verkäufers, der sehr unzufrieden auf seine eiserne Kassier-Kasse blickt. „Frisches Obst und knackiges Gemüse, kaufen Sie!" schallt es durch eine Einkaufsgasse. Zwei alte Männer bauen noch schnell, bis der große Ansturm kommt, ihre Obststände auf. Mir ist kalt, denn ich habe wohl heute nicht auf das Außenthermometer geschaut. Jetzt komme ich an einen Stand, der mit lauter Käse überfüllt ist. Emmentaler, Berg-Käse und noch viele mehr. Die Leute kommen mir vor wie bei einem großen Fußballspiel.

☺ Vergleich!

Denn alle reden durcheinander, lachen, drängeln und manchmal beschimpfen sie sich gegenseitig. Ein Radfahrer, der das Bremsen sicher nicht gelernt hat, rast an mir vorbei. Ich kümmere mich nicht um ihn, sondern mache mich mit einem wunderschönen Gedanken an einen heißen Tee auf den Weg nach Hause.

Nein!

Schilderung

Nr. 9

Es ist Freitag-Wochenmarkt. Der intensive Geruch der   R

Oliven, steigt mir schon aus weiter Entfernung in meine   Sz

kalte Nase. Ich höre, wie ein Mann zu dem Bäcker

schreit: „Ich kann dir auspacken helfen." Dann gehe ich   Nr. 13

weiter, eine hübsche Frau kommt mir mit einem

riesigen Blumenstrauß, der herrlich duftet, entgegen.   R

Ich höre, wie die engeingequetschten Hühner,   R

denen die Federn aus dem Käfig stehen, gackern.

Daneben ist ein Hähnchenstand, an dem sich die

quietschenden Stangen, auf denen die Hähnchen   R

gebraten werden, schwungvoll drehen. Ich setze meine

Wanderung durch den Markt fort. Die Gewürze sind

sehr farbenfroh, jedoch riechen sie so sehr (stark),   R, A

dass es mich in meiner Nase juckt. Gegenüber, nehme   davon

ich die Geräusche des Geldes, das gerade in die   Beschreibe das Geräusch

Kasse plumpst war. Jetzt, komme ich zu meinem   R, R

absoluten Lieblingstand. Es duftet so gut nach frischgebackenen

Semmeln, die gerade erst eingeräumt worden sind.

Das Brot, wird gerade von einem netten Herrn in die Kästen   R, W

einsortiert. Ich hätte mir am Liebsten so eine mit   R, Sz

Zuckerguss überzogene Mohnschnecke mitgenommen,   gekauft   A

doch der Duft vom Käse reisst mich sofort weg. Nun   eß   R

stehe ich vor dem Käsestand, und spüre, wie sich   R

an meinem Rücken ein Mann vorbeischlängelt. „Entschuldigung,

Gr   was kosten denn 300 g Emmentaler?"   Gramm

     Ich komme schon langsam zum Ende. Erst jetzt spüre ich,   Wo ist das?

R   dass ich schon aus dem Markt herausspaziert bin.

Teilnote im Bereich Sprachrichtigkeit

Erbsenzählerei mag gerade noch im Bereich der Sprachrichtigkeit praktikabel sein (vgl. „Welche Rechtschreibnote bei welchen Fehlern?", S. 17), wo die Gesamtanzahl der Fehler mit einer Fehlertabelle in eine Teilnote umgerechnet werden kann. Diese Teilnote ist dennoch unter **Berücksichtigung pädagogisch-didaktischer Überlegungen** zu ermitteln: So habe ich beispielsweise im Aufsatz der ersten Schülerin die Getrenntschreibung (*vorbei_gehe* statt *vorbeigehe*) zwar angestrichen, nicht jedoch als Fehler gewertet, weil die Zusammen- und Getrenntschreibung erst später im Unterricht systematisch behandelt werden sollte. Auch die falsche Schreibung der Käsesorte wurde hier nicht als Fehler gezählt, weil die richtige Schreibung von Produktnamen von einer Siebtklässlerin nicht unbedingt erwartet werden kann. Sehr wohl gewertet wurde hingegen die nicht beachtete Nominalisierung („deutliches brummen"), denn dieser Teilbereich der Orthografie wurde in der sechsten Jahrgangsstufe vertieft behandelt und zu Beginn des Schuljahres noch einmal ausführlich wiederholt. Zählt man nun die Rechtschreibfehler als ganze und die Zeichensetzungsfehler als halbe Fehler, so lautet das Ergebnis: sieben Fehler auf einer Seite, was der Teilnote „Vier" entspricht. Der zweiten Schülerin unterliefen sehr viele Rechtschreibfehler. Auch wenn ein Teil davon wohl vor allem auf Konzentrationsmängel zurückzuführen ist, erlangt sie hier nur die Teilnote „ungenügend".

 ## Teilnoten in den Bereichen Aufbau, Inhalt und Ausdruck

Nun empfiehlt es sich, die **Teilnoten in den Bereichen Aufbau und Inhalt sowie Ausdruck** zu ermitteln. Gerade hier sind die Kriterienkataloge eine sinnvolle Hilfe: Einerseits rufen sie – gerade bei längeren Aufsätzen – dem Korrektor noch einmal die unterschiedlichen Bewertungsbereiche in Erinnerung. Zum anderen wirkt der Blick auf die unterschiedlichen Einzelkriterien der Gefahr entgegen, dass der Fokus auf einen Bereich des Aufsatzes das Gesamturteil überlagert. Die Kriterienkataloge sollen daher den Gesamteindruck, den der geschulte Lehrer während der Korrektur gewinnt, nicht ersetzen, sondern wollen ihm ein Korrektiv zur Seite stellen.

Beiden Schülerinnen gelingt in den Bereichen Aufbau und Inhalt eine gute Schilderung: Während die erste Schülerin unmittelbar ins Geschehen einsteigt, fast schon die Zoom-Technik einer Reportage anwendet (laute Stimmen, eine Menge müder Gesichter und viele ‚Guten-Morgen'-Rufe), greift die zweite Schülerin zur schlichten Zeit- und Ortsangabe und holt erst im darauffolgenden Satz die Unmittelbarkeit nach. **Im Bereich des Inhalts** gelangen beide Schülerinnen zu guten Ergebnissen. Während die zweite Schülerin noch etwas subjektiver schreibt („mein Lieblingsstand") liegt die Stärke der ersten Schülerin vor allem in der **sehr differenzierten Wahrnehmung**: Da ist von einem Vollkornbrot die Rede, von unterschiedlichen Käsesorten, der Blick auf das Sonderangebot ist gierig. Bei der zweiten Schülerin finden sich sehr exakte Wahrnehmungen („quietschende Stangen", „mit Zuckerguss überzogene Mohnschnecke") neben etwas zu allgemeinen Feststellungen: Zwar ist vom „Geräusch des Geldes" die Rede, beschrieben wird das Geräusch jedoch nicht. Die Gewürze sind „farbenfroh", welche Farben jedoch zu sehen sind, erfährt der Leser nicht.

Die erste Schülerin verwendet im Bereich des sprachlichen Ausdrucks viele treffende Adjektive, zudem gelingen ihr – ob gewollt oder eher intuitiv – sogar eine Alliteration und ein sehr treffender Vergleich. Sicherlich liegen diese rhetorischen Stilfiguren nicht im Erwartungshorizont, eine Erwähnung verdienen sie aber allemal. Beide Schülerinnen bewahren die Zeitstufe des Präsens bei, die zweite Schülerin neigt insgesamt jedoch etwas zum Erzählen, zugleich schleichen sich hier auch leicht umgangssprachliche Formulierungen ein („Dann gehe ich weiter." „Ich komme schön langsam zum Ende."). Damit Schüler Missglücktes oder Gelungenes dem Kriterium im Bogen einwandfrei zuordnen können, werden die entsprechenden Stellen im Aufsatz mit **der Nummer versehen, die auch das Kriterium**

trägt (vgl. Schüleraufsatz Nr. 2, oben). Für den Lehrer hat dieses Verfahren den Vorteil, dass er keinen zusätzlichen Kommentar an den Seitenrand setzen muss. Gerade wenn bestimmte Fehler häufig auftauchen, wird dadurch **die Korrektur wesentlich übersichtlicher.**

Den bearbeiteten Kriterienkatalog für den Aufsatz der ersten Schülerin finden sie auf S. 30. Die Einzelleistungen wurden hier mit Symbolen notiert und zu Teilnoten zusammengefasst.

Mein Gesamteindruck und die auf dem Korrekturbogen festgehaltenen Einzeleindrücke zusammengenommen, würden zu folgenden Teilnoten führen:

	Aufbau und Inhalt	**Ausdruck/Stil**	**Rechtschreibung und Zeichensetzung**
erste Schülerin	1,5	1	4
zweite Schülerin	2	3	6

 ## Gewichtung der Teilnoten

Grundsätzlich erscheint es mir sinnvoll, bei dieser Aufsatzart die drei Bereiche (Aufbau und Inhalt, Ausdruck bzw. Stil, Rechtschreibung und Zeichensetzung) annähernd gleichwertig zu gewichten:

Damit ergäbe sich folgende Bewertung:

Erste Schülerin $(1,5 + 1 + 4) : 3 = 2,17$ → Note 2
Zweite Schülerin $(2 + 3 + 6) : 3 = 3,67$ → Note 4

Allerdings gibt es auch Aufsatzarten, bei denen die Gewichtung anders ausfallen sollte.

Bei der Schilderung spielt die Fähigkeit, eine Wahrnehmung anschaulich wiederzugeben, eine entscheidende Rolle. Das muss sich auch in der Gewichtung des Teilbereichs Ausdruck bzw. Stil widerspiegeln. Bei der Inhaltsangabe oder bei der Textanalyse gibt es hingegen **weniger Gestaltungsmöglichkeiten im Bereich der Sprache.** Daher könnte man hier den Bereich Aufbau und Inhalt gegenüber dem Bereich Ausdruck bzw. Stil deutlich aufwerten:

Aufbau und Inhalt	**Ausdruck bzw. Stil**	**Rechtschreibung und Zeichensetzung**
Faktor 3	Faktor 1	Faktor 2
Teilnote: 3	Teilnote: 2,5	Teilnote: 5

Gesamtnote: $(3 \times 3 + 1 \times 2,5 + 2 \times 5) : (3 + 1 + 2) = 21,5 : 6 = 3,58$ → 4+ (evtl. 3 –)

Kriterienkatalog

Die Schilderung

Name: _____

Aufbau		
1. Der Leser wird vom ersten Satz an unmittelbar in die geschilderte Situation versetzt.		+ +
2. Du hast die verschiedenen Eindrücke nachvollziehbar angeordnet.		+
Teilnote		1,5
Inhalt		
3. Du hast das Typische der Situation berücksichtigt.		+
4. Dein Aufsatz enthält zahlreiche und unterschiedliche Sinneseindrücke.		+ +
5. Dein Aufsatz gibt viele Einzelheiten wieder.		+ +
6. In deiner Schilderung stellst du eigene Wahrnehmungen, statt Handlungen, in den Mittelpunkt.		+
7. Du hast auch einfließen lassen, welche Gedanken und Stimmungen die Situation auslöst.		+
Teilnote		1,4
Sprache		
a) Ausdruck	**8.** Du hast umgangssprachliche Formulierungen vermieden.	+ +
	9. Wortschatz und Satzbau deiner Schilderung sind abwechslungsreich.	+ +
	10. Du hältst die richtige Zeitstufe (Präsens) ein.	+ +
	11. Du schilderst und erzählst nicht.	+
	12. Deine Schilderung ist anschaulich.	+ +
b) Sprachrichtigkeit	**13.** Rechtschreibung	–
	14. Zeichensetzung	0
Teilnote		a) 1 b) 4
Form		+
Zusätzliche Bemerkung: Ausdruck: Du benutzt gute Vergleiche und treffende Adjektive. Rechtschreibung: Achte mehr auf die Großschreibung (Nominalisierung)		
Gesamtnote		2,17

Note: 2

© Verlag an der Ruhr | Postfach 10 22 51 | 45422 Mülheim an der Ruhr | www.verlagruhr.de | ISBN 978-3-8346-0328-9

Um die Gesamtnote so transparent wie möglich zu machen, sollten auch die **Teilnoten auf dem Kriterienkatalog vermerkt werden**. Dem im Vorwort skizzierten Vorurteil, Deutschnoten seien „erwürfelte" Noten, lässt sich dadurch wirkungsvoll begegnen.

Sonderfall: Themaverfehlung

Ein besonderes Problem stellt die Themaverfehlung dar: In diesem Fall ist es sicherlich problematisch, die Gesamtnote durch Teilnoten zu ermitteln. Im Extremfall würde ein Schüler, der sprachlich gekonnt schreibt, inhaltlich aber das Thema verfehlt, gar noch auf eine „Drei" kommen. In diesem seltenen Fall muss sicherlich vom Schema abgewichen werden. Sprachkunst ohne zielführenden Inhalt wird letztlich nur in dadaistischen Kreisen mit Beifall bedacht werden. Im Allgemeinen besteht ein Konsens darüber, dass eine glatte Verfehlung des Themas bestenfalls mit „mangelhaft" bewertet werden kann. In diesem Fall muss dem Schüler aber unbedingt ausführlich erläutert werden, **warum er das Thema verfehlt hat**.

6. Praxistipps

Trotz aller theoretischen Vorüberlegungen stellt die Korrektur von Schüleraufsätzen gerade Referendare und Junglehrer vor erhebliche praktische Probleme. Nach einer Klassenarbeit kommen sie meist mit über 30 Arbeiten nach Hause. Angesichts dieses „Berges an Arbeit" wissen sie dann häufig nicht so recht, wie und wo sie mit dem Korrigieren ansetzen sollen. Um Ihnen durch eine **systematische Herangehensweise die Korrektur zu erleichtern**, finden Sie im Folgenden einige **Praxistipps**:

▸▸ Sofern Sie den Schülern mehrere Themen zur Auswahl gestellt haben, sollten Sie die Arbeiten zunächst einmal **nach diesen Themen sortieren**. Korrigieren Sie die Arbeiten zu einem Thema am Stück – so bleiben Ihnen die spezifischen Inhalte und Anforderungen leichter im Gedächtnis, und Sie können die Leistungen einzelner Schüler besser miteinander vergleichen.

▸▸ Beginnen Sie dann mit der eigentlichen Korrektur. Einige Lehrer finden es hilfreich, dazu **schriftlich einen Erwartungshorizont zu formulieren** (was natürlich auch bereits während der Erstellung der Klassenarbeits- bzw. Klausuraufgaben geschehen kann).

▸▸ Lesen Sie sich dann die Aufsätze eines Themas einmal durch. Entscheiden Sie sich dabei grundsätzlich für eine der folgenden Vorgehensweisen: Entweder nehmen Sie zunächst einzelne Bewertungsbereiche in den Blick (wie z.B. Rechtschreibung und Zeichensetzung), oder Sie konzentrieren sich bei der Erstlektüre auf den **Gesamteindruck**. Die zweite Vorgehensweise ermöglicht einen Blick für das Ganze. Dabei empfiehlt es sich, erste Eindrücke, z.B. zu Aufbau und Inhalt, schon während der Erstlektüre zu notieren (z.B. auf den Kriterienkatalogen in diesem Buch). Das erste Vorgehen fällt vielen Junglehrern leichter, weil sie sich bei der Zweitlektüre ganz auf den **Inhalt** konzentrieren können. Wenn Sie sich bei der Erstlektüre auf Rechtschreibung-, Grammatik- und andere Fehlerarten konzentrieren, so markieren Sie direkt in der Schülerarbeit.

▸▸ Sofern Sie bei der Erstlektüre das Gesamtprodukt in den Blick genommen haben, sortieren Sie die Arbeiten anschließend **nach Leistung**. Bei der zweiten Lektüre lesen Sie so vergleichbare Arbeiten hintereinander, was es Ihnen ermöglicht, die einzelnen Schülerleistungen einfacher zu vergleichen, um zu einem noch präziseren Urteil kommen. Eine Erstkorrektur

unter sprachlichen Gesichtspunkten lässt eine solche Ordnung an dieser Stelle nicht sinnvoll erscheinen. Um den differenzierten Vergleich der einzelnen Schülerarbeiten auch hier zu ermöglichen, müssten Sie die Arbeiten nach der Zweitlektüre nach Leistung sortieren und einen **dritten Korrekturdurchgang** vornehmen. Bereits dieser Zusatzschritt lässt eine Erstkorrektur unter dem Gesichtspunkt Sprache nicht sinnvoll erscheinen.

▸▸ Auf Grundlage ihrer Notizen auf den Kriterienkatalogen formulieren Sie abschließend ihre Verbalbeurteilung – falls Sie diese nicht bereits durch den ausgefüllten Bogen ersetzen können. Dafür hat sich die Verwendung eines Computers als sinnvoll erwiesen. Der ausgedruckte Text muss dann entweder in das Schülerheft eingeklebt oder (wie der Korrekturbogen) der Arbeit beigefügt werden. Vergessen Sie nicht den **Namen des Schülers** über das Verbalurteil zu setzen und einen **Hinweis auf die Beiblätter in das Schülerheft** zu vermerken.

2

Allgemeine Hinweise, Merkblätter und Kriterienkataloge

Die Erlebniserzählung

1. Anforderungen in verschiedenen Jahrgangsstufen:

Die Erlebniserzählung wird vor allem in der fünften und sechsten Jahrgangsstufe geschrieben. Ihre Anforderungen sind seit der Grundschule bekannt, sodass der Lehrer an der weiterführenden Schule lediglich bereits Bekanntes vertiefen muss. Die grundlegenden Merkmale des Erzählens bleiben die gleichen, wie z.B. **Spannungssteigerung, Ausgestaltung des Höhepunktes, Spannungsauflösung und abrundender Schluss, Gebrauch wörtlicher Rede** sowie **lebendige Wortwahl**. Dabei erhöht sich natürlich der Anspruch der Erlebniserzählung an den Verfasser im Hinblick auf diese Kriterien in der fünften oder sechsten Klasse im Vergleich zur Grundschule fortwährend. Auch die Länge des Aufsatzes steigert sich von Jahrgangsstufe zu Jahrgangsstufe. Daneben kann der Schwierigkeitsgrad erhöht werden, indem ein **Wechsel vom Präteritum zum Präsens** bei der Ausgestaltung des Höhepunkts nahe gelegt wird. Mit steigender Klassenstufe sollte sich die sprachliche Gestaltung deutlich verbessern und die innere Handlung (die Schilderung von Gedanken und Gefühlen) immer stärker einbezogen werden.

2. Mögliche Aufgabenstellungen:

Im Rahmen einer Erlebniserzählung sind vielfältige Aufgabenstellungen möglich. Als Vorgabe kann eine **Phrase** dienen, die der Erzählung eine inhaltliche Ausrichtung vorgibt, wie „Als ich einmal Angst hatte". Möglich ist auch eine **Kette von Reizwörtern**, die dem Schüler ebenso eine gewisse inhaltliche Richtung vorgibt, z.B. „Flohmarkt – geheimnisvoller Koffer – Entdeckung". Eine Erzählung auf dieser Grundlage muss auch alle Reizwörter im Text an passender Stelle nennen. Die Schüler können auch die Aufgabe erhalten, einen **Erzählanfang weiterzuschreiben** oder einen **Erzählkern auszugestalten**. Erzählkerne sind knappe, aber aussagekräftige Texte (oft als Zeitungsberichte gestaltet), die kurz den Handlungsverlauf darstellen und die handelnden Personen sowie Zeit und Ort erwähnen. Sie dienen dem Schüler als Informationsbasis, die er zu einer Erzählung ausgestaltet. Außerdem können auch **Bilder bzw. Fotos als Erzählanlässe** verwendet werden (Einzelbilder oder Bilderfolgen, z.B. „Vater und Sohn" von E.O. Plauen). Die Aufgabenstellung sollte immer auch aufführen, aus welcher Perspektive der Schüler erzählen soll: Erlebniserzählungen können sowohl in der Ich – als auch in der Er/Sie-Perspektive formuliert sein.

3. Fähigkeiten, die die Schüler beherrschen sollten:

Um eine gelungene Erlebniserzählung verfassen zu können, müssen Schüler …

▸ eine Erzählstrategie selbstständig entwickeln,

▸ einen stringenten Handlungsverlauf mit einer deutlichen Spannungskurve herstellen,

▸ die innere Handlung (Gedanken und Gefühle der Figuren) ausgestalten,

▸ erzählerische Mittel beherrschen, um die Geschichte spannend und anschaulich zu gestalten,

▸ Syntax und sprachliche Mittel abwechslungsreich einsetzen,

▸ die Erzählperspektive einhalten und

▸ Ortswechsel und Zeitsprünge gekonnt in den Aufsatz integrieren können.

Merkblatt

Die Erlebniserzählung

So gelingt dir ...

1. der Aufbau:

▸▸ Suche eine **Überschrift, die treffend ist** (d.h. die auf den Inhalt deiner Erzählung hindeutet), den Leser neugierig macht und zugleich nicht schon verrät, wie die Erzählung ausgeht. Am besten denkst du dir die Überschrift ganz zum Schluss aus.

▸▸ Untergliedere deinen Aufsatz sichtbar in **Einleitung, Hauptteil und Schluss**, indem du nach jedem dieser Texteile eine Zeile frei lässt. Die Einleitung muss zum Hauptteil hinführen, ohne zu viel zu verraten. Sie ist z.B. dafür geeignet, die Personen in deiner Erzählung kurz vorzustellen und Ort und Zeitpunkt der Handlung zu nennen.

▸▸ Steigere im Hauptteil langsam **die Spannung deiner Erzählung** bis zum Höhepunkt. Wie sein Name schon sagt: Der Hauptteil ist der wichtigste Teil deiner Erzählung, gib dir deshalb bei seiner Ausgestaltung besonders Mühe. Er muss auch der längste Teil deiner Erzählung sein. Gestalte den Höhepunkt am Ende des Hauptteils besonders anschaulich und ausführlich.

▸▸ **Der Schluss** muss deinen Aufsatz abrunden, d.h. er bringt nichts Neues mehr, sondern stellt z.B. – kurz! – die Folgen des Erlebnisses dar.

2. der Inhalt:

▸▸ Achte darauf, eine durchgehende Geschichte zu erzählen, **ohne Ver- oder Abzweigungen und Nebenhandlungen**.

▸▸ Halte die geforderte Erzählperspektive ein.

▸▸ **Vermeide gedankliche Sprünge,** und achte darauf, dass die Reihenfolge der Erzählschritte Sinn ergibt.

▸▸ Gestalte deine Erzählung für den Leser unterhaltsam, indem du **Sinneseindrücke** (Geräusche, Gerüche, Eindrücke) wiedergibst und auch schreibst, was die Personen denken oder fühlen.

▸▸ Falls du eine Erzählung auf der Grundlage eines Bildes schreibst: **Betrachte die Bilder genau,** und halte dich beim Erzählen an ihre Reihenfolge.

▸▸ Falls du einen Erzählkern oder -anfang ausgestalten sollst: **Lies den Erzählkern bzw. -anfang genau,** und halte die Vorgaben (Namen, Ort, Zeit etc.) ein.

▸▸ Für eine Reizwortgeschichte gilt: **Alle Reizwörter** müssen an passenden Stellen in deinem Aufsatz genannt werden!

3. der sprachliche Ausdruck:

▸▸ Verwende an passenden Stellen **wörtliche Rede,** vor allem, um den Höhepunkt auszugestalten. Übertreibe dabei aber nicht!

▸▸ Setze auch **Ausrufe- und Fragesätze** ein, um deinen Text anschaulich und spannend zu machen. Verwende anschauliche Verben und Adjektive („‚Bin ich froh!', seufzte Jan erleichtert", statt: „‚Bin ich froh!', sagte Jan.")

▸▸ Halte die Erzählzeit (Präteritum = 1. Vergangenheit) strikt ein, wechsle jedoch **beim Höhepunkt ins Präsens** (Gegenwart), um die Spannung hier noch zu steigern.

4. Rechtschreibung und Zeichensetzung:

▸▸ Achte beim abschließenden Durchlesen vor allem auf folgende **Fehlerquellen**:

  ▸ Muss statt „das" nicht doch „dass" stehen?

  ▸ Hast du die Redezeichen richtig gesetzt?

Die Erlebniserzählung

Name: _____

Aufbau	
1. Die Überschrift deines Aufsatzes ist treffend und macht den Leser neugierig.	
2. Einleitung, Hauptteil und Schluss sind deutlich voneinander zu unterscheiden und stehen in einem sinnvollen Verhältnis zueinander.	
3. Deine Einleitung führt zum Hauptteil hin.	
4. Du baust im Hauptteil eine Spannungskurve auf.	
5. Den Höhepunkt hast du ausführlich und anschaulich ausgestaltet.	
6. Der Schluss rundet die Erzählung ab.	
Teilnote	
Inhalt	
7. Der Aufbau der Handlung ist logisch, die Reihenfolge der Handlungsschritte ist sinnvoll.	
8. Du hältst die Erzählperspektive ein (Ich-/Er- bzw. Sie-Perspektive).	
9. Dir ist die Wiedergabe der inneren Handlung gelungen.	
10. Du hast die in den Bildern dargestellte Handlung richtig gedeutet und alle Bildinhalte erfasst. Du hast die Vorgaben des Erzählkernes richtig aufgegriffen und fortgeführt. Alle Reizwörter tauchen in einem sinnvollen Zusammenhang in deinem Aufsatz auf.	
Teilnote	
Sprache	
a) Ausdruck — **11.** Du verwendest an passenden Stellen und in sinnvollem Maß wörtliche Rede.	
12. Du schreibst in erzählendem Stil.	
13. Deine Sprache ist anschaulich.	
14. Du verwendest sprachliche Mittel, die den Spannungsaufbau deiner Erzählung unterstützen.	
15. Du hältst die Erzählperspektive ein.	
16. Du verwendest die Erzählzeit (Präteritum).	
17. Du wechselst am Höhepunkt ins Präsens.	
b) Sprachrichtigkeit — **18.** Rechtschreibung	
19. Zeichensetzung	
Teilnote	
Form	
Zusätzliche Bemerkung:	
Gesamtnote	

© Verlag an der Ruhr | Postfach 10 22 51 | 45422 Mülheim an der Ruhr | www.verlagruhr.de | ISBN 978-3-8346-0328-9

Die Fantasieerzählung

1. Anforderungen in verschiedenen Jahrgangsstufen:

Die Fantasieerzählung begegnet Schülern in der Unterstufe. Sie hat mit der Erlebniserzählung viel gemein, unterscheidet sich von ihr jedoch in einem wesentlichen Punkt: In der Fantasieerzählung darf der Schüler **die Grenzen der Realität überschreiten**. Er soll ein fantastisches Erlebnis so darstellen, dass es zwar unrealistische Elemente enthält, jedoch nicht völlig ins Irrationale abdriftet und den Gesetzen der Logik in jedem Satz widerspricht. Genau hier liegt für viele Schüler auch die besondere Schwierigkeit dieser Aufsatzart: Nicht wenige schießen über das Ziel hinaus und versteigen sich in Erzählungen, die in wenigen Zeilen ein **Sammelsurium fantastischer Elemente** aufführen (Zwerge, Zauberkräfte, Zeitreisen usw.), ohne

eine in sich schlüssige Handlung aufzubauen. Die Grenze zwischen fantastischem Erzählen und irrationalem Fabulieren sollte den Schülern daher im Unterricht deutlich aufgezeigt werden. Mit zunehmendem Leistungsniveau der Schüler sollte die Ausgestaltung des Textes im Hinblick auf Inhalt und Sprache immer anspruchsvoller werden. Spätestens in der sechsten Klasse kann von den Schülern auch verlangt werden, Realität und Fantasiewelt miteinander zu verknüpfen, z.B. durch eine **Rahmenhandlung**. Der Einstieg ins Fantastische kann z.B. in Form eines Traumes oder bei der Begegnung mit einer fantastischen Figur bzw. Person oder Gegenstand erfolgen. Der Schluss führt den Leser dann wieder in die Realität zurück.

2. Mögliche Aufgabenstellungen:

Bei der Fantasieerzählung gibt es – ähnlich wie bei der Erlebniserzählung – eine Vielfalt möglicher Aufgabenstellungen. So kann das Thema lauten: „Mit dem Bett zum Äquator", „Ein 5-Euro-Schein geht auf Reisen" oder „Unsichtbar für einen Tag". Ebenso eignen sich Reizwörter oder ein Erzählanfang zur weiteren Ausgestaltung. Auch Bilder oder

Bildergeschichten mit besonderen Motiven (Dinosaurier, Höhle, Zeppelin usw.) können als Erzählanlässe dienen. Ein Sonderfall der Fantasieerzählung sind **Erzählungen nach einem literarischen Vorbild**, wie etwa Märchen, Schildbürgerstreiche, Eulenspiegeleien oder Münchhausengeschichten (vgl. Erzählen nach literarischem Vorbild, S. 40).

3. Fähigkeiten, die die Schüler beherrschen sollten:

Um eine gelungene Fantasieerzählung verfassen zu können, müssen Schüler …

- ⏩ eine **fantastische Idee** und eine **entsprechende Erzählstrategie** entwickeln,
- ⏩ trotz des fantastischen Inhaltes einen **klaren Handlungsverlauf** mit einer deutlichen Spannungskurve herstellen,
- ⏩ **fantastische Elemente,** wie sprechende Tiere, Zaubersprüche, Gegenstände, die lebendig werden, sinnvoll in die Erzählung einbauen,

- ⏩ Reales und Fantastisches geschickt miteinander verknüpfen, etwa durch eine Rahmenhandlung,
- ⏩ die **innere Handlung der Figuren** (Gedanken und Gefühle) darstellen,
- ⏩ ein großes Repertoire an erzählerischen Mitteln beherrschen,
- ⏩ die Erzählperspektive einhalten und
- ⏩ Ortswechsel und Zeitsprünge gekonnt in den Aufsatz integrieren können.

Die Fantasieerzählung

So gelingt dir ...

1. der Aufbau:

▸▸ Suche eine **Überschrift, die treffend ist** (d.h. die auf den fantastischen Inhalt deiner Erzählung hindeutet) und zugleich nicht schon verrät, wie die Erzählung ausgeht.

▸▸ Untergliedere deinen Aufsatz sichtbar in **Einleitung, Hauptteil und Schluss**, indem du nach jedem dieser Texteile eine Zeile frei lässt. **Die Einleitung muss zum Hauptteil hinführen**, ohne zu viel zu verraten. Sie ist z.B. dafür geeignet, die Personen in deiner Erzählung kurz vorzustellen und Ort und Zeitpunkt der (Rahmen-)Handlung zu nennen. Am Ende der Einleitung leitest du von der Wirklichkeit in die Welt der Fantasie über, z.B. durch eine bestimmte Handlung der Figuren, einen Gegenstand mit Zauberkräften usw.

▸▸ Steigere im **Hauptteil** langsam die Spannung deiner Erzählung bis zum Höhepunkt. Der Hauptteil muss der längste Teil deiner Erzählung sein.

▸▸ Der Schluss muss deinen Aufsatz abrunden, indem er den Leser in die Realität zurückführt oder indem er z.B. die Folgen des Erlebnisses darstellt.

2. der Inhalt:

▸▸ Achte darauf, dass deine Erzählung **nur einen Handlungsstrang** hat und du dich nicht verzettelst. Die Handlungsschritte müssen so angeordnet sein, dass sie Sinn ergeben und nicht unlogisch sind.

▸▸ Konzentriere dich auf einen fantastischen Sachverhalt (z.B. entweder Zeitreise oder Zauberkräfte – nicht beides!).

▸▸ Gestalte deine Erzählung für den Leser spannend und unterhaltsam, indem du Sinneseindrücke (Geräusche, Gerüche, Eindrücke)

wiedergibst und schreibst, was die Personen denken oder fühlen.

▸▸ Falls du eine Erzählung auf der Grundlage einer Bildfolge schreibst: **Betrachte die Bilder genau,** und halte dich beim Erzählen an ihre **Reihenfolge**.

▸▸ Falls du einen Erzählkern oder -anfang ausgestalten sollst: **Lies den Erzählkern bzw. -anfang genau,** und halte die Vorgaben (Namen, Ort, Zeit usw.) ein.

▸▸ Falls du eine Reizwortgeschichte verfassen sollst: **Alle vorgegebenen Reizwörter** müssen in deinem Aufsatz genannt werden!

3. der sprachliche Ausdruck:

▸▸ Halte die geforderte bzw. gewählte **Erzählperspektive** ein.

▸▸ Verwende **wörtliche Rede** an passenden Stellen, um den Höhepunkt auszugestalten.

▸▸ Schreibe anschaulich, indem du **treffende Adjektive und Verben** benutzt („Der grellrote Drache schnaubte verächtlich: …", statt: „Der Drache sagte: …")

▸▸ Setze auch **Ausrufe- und Fragesätze** dazu ein, deinen Text anschaulich und spannend zu machen.

▸▸ Halte die **Erzählzeit** (Präteritum = 1. Vergangenheit) strikt ein, wechsle jedoch beim Höhepunkt ins Präsens, um die Spannung hier noch zu steigern.

4. Rechtschreibung und Zeichensetzung:

▸▸ Achte beim abschließenden Durchlesen vor allem auf folgende **Fehlerquellen**:

  ▸ Muss statt „das" nicht doch „dass" stehen?
  ▸ Hast du die Redezeichen richtig gesetzt?

© Verlag an der Ruhr | Postfach 10 22 51 | 45422 Mülheim an der Ruhr | www.verlagruhr.de | ISBN 978-3-8346-0328-9

Die Fantasieerzählung

Name: _____

Aufbau	
1. Die Überschrift deines Aufsatzes ist treffend und macht den Leser neugierig.	
2. Einleitung, Hauptteil und Schluss sind deutlich zu erkennen.	
3. Deine Einleitung leitet in die Welt der Fantasie über.	
4. Du baust im Hauptteil eine Spannungskurve ein.	
5. Den Höhepunkt hast du ausführlich und anschaulich ausgestaltet.	
6. Der Schluss holt den Leser in die Wirklichkeit zurück.	
Teilnote	
Inhalt	
7. Die Reihenfolge der Handlungsschritte ist sinnvoll.	
8. Dir gelingt der Wechsel von der Wirklichkeit in die Welt der Fantasie und zurück.	
9. Du hältst die Erzählperspektive ein (Ich-/Er- bzw. Sie-Perspektive).	
10. Dir ist die Wiedergabe der inneren Handlung (z.B. Gedanken und Gefühle der Personen) gelungen.	
11. Du hast … die in den Bildern dargestellte Handlung richtig gedeutet, die Vorgaben des Erzählkernes richtig aufgegriffen und fortgeführt, alle Reizwörter sinnvoll verwendet.	
Teilnote	

Sprache		
a) Ausdruck	**12.** Du setzt die wörtliche Rede sinnvoll ein.	
	13. Du schreibst in erzählendem Stil.	
	14. Deine Sprache ist anschaulich.	
	15. Du verwendest sprachliche Mittel, die den Spannungsaufbau deiner Erzählung unterstützen.	
	16. Du hältst die Erzählperspektive ein.	
	17. Du verwendest die Erzählzeit (Präteritum).	
	18. Du wechselst am Höhepunkt ins Präsens.	
b) Sprachrichtigkeit	**19.** Rechtschreibung	
	20. Zeichensetzung	
Teilnote		

Form	
Zusätzliche Bemerkung:	
Gesamtnote	

© Verlag an der Ruhr | Postfach 10 22 51 | 45422 Mülheim an der Ruhr | www.verlagruhr.de | ISBN 978-3-8346-0328-9

Erzählen nach literarischem Vorbild

1. Anforderungen in verschiedenen Jahrgangsstufen:

Beim Erzählen nach einem literarischen Vorbild sollen die Schüler **eine vorgegebene Textsorte in Aufbau und Sprache nachahmen**. Sicherlich ist es daher sinnvoll, diese Aufsatzart in einen Kontext zusammen mit anderen Formen des Erzählens (Erlebniserzählung, Nacherzählung etc.) zu stellen. Voraussetzung ist allerdings, dass die Schüler vorher intensive Leseerfahrungen mit der entsprechenden Textsorte sammeln konnten und deren Merkmale herausgearbeitet wurden. Erst nachdem die Schüler viele Fabeln gelesen und den typischen Aufbau und Inhalt dieser Textsorte

verstanden haben, besitzen sie die Grundvoraussetzung dafür, die Textsorte auch richtig nachzuahmen.

Da die Beschäftigung mit epischen Kurzformen meist von der fünften bis zur siebten Jahrgangsstufe erfolgt, spielt diese Aufsatzart in diesem Zeitraum eine zentrale Rolle. Sie ist jedoch mit der Unterstufe nicht abgeschlossen: So können im Rahmen des textgebundenen Aufsatzes ebenfalls Arbeitsaufträge auftauchen, die den Schüler dazu auffordern, einen Sachtext in eine Erzählung umzuformen.

2. Mögliche Aufgabenstellungen:

Als literarische Vorbilder eignen sich besonders die epischen Kleinformen, wie Fabel, Märchen oder Sage. Die Aufgabenstellung kann dabei beispielsweise eine Überschrift, das Thema oder bestimmte Charaktere vorgeben.
Mögliche Themen:

▸ Schreibe eine Fabel zur Lehre „Gelegenheit macht Diebe".

▸ Verfasse ein Märchen mit dem Titel „Der geizige Kaufmann und der fliegende Teppich".

▸ In der Landshuter Altstadt gibt es zwei Gassen mit den Namen „Grasgasse" und „Rosengasse". Woher könnten die Namen stammen? Verfasse eine Sage, die diese Frage beantwortet.

Selbstverständlich kann auch im Rahmen einer geeigneten Lektüre das Erzählen nach literarischen Vorbildern angestrebt werden. So taucht in Michael Endes „Unendlicher Geschichte" häufig der Satz auf: „Doch das ist eine andere Geschichte und soll ein andermal erzählt werden." Hier böte sich beispielsweise **folgende Aufgabenstellung** an:

▸ Michael Ende hat uns leider nicht mehr erzählt, weshalb der Zweisiedler-Gnom später so berühmt wurde. Überlege dir, welches Ereignis dazu geführt haben könnte, dass Engywuck später so berühmt wurde, und schreibe dazu eine Geschichte, die in Phantásien spielt. Deine Hauptfigur soll Engywuck sein.

3. Fähigkeiten, die die Schüler beherrschen sollten:

Um nach einem Vorbild erzählen zu können, müssen Schüler …

▸ ein Repertoire an für die Textform typischen sprachlichen, erzählerischen und strukturellen Mitteln beherrschen,

▸ **Aufbau und Sprache** bestimmter literarischer Textsorten kennen,

▸ eine **Handlung entwickeln** und schlüssig darstellen können.

Merkblatt

Erzählen nach literarischem Vorbild

So gelingt dir ...

1. der Aufbau:

▸▸ Orientiere dich am **Aufbau des literarischen Vorbildes**. Beantworte deshalb vor dem Schreiben für dich die Frage, welche **Merkmale** diese Textsorte in diesem Bereich auszeichnen. Ist das Vorbild für deinen Aufsatz z.B. eine Fabel, darfst du die Lehre am Ende deines Textes nicht vergessen. Typisch für Sagen, Fabeln oder Märchen ist ein so genannter Dreischritt, z.B.: Zwei Prinzen scheitern, der dritte ist erfolgreich und befreit die Prinzessin. Einen solchen Dreischritt musst du von Anfang an beim Aufbau deines Textes berücksichtigen.

▸▸ Achte darauf, in deiner Erzählung nur **eine Handlung** auszugestalten.

2. der Inhalt:

▸▸ Überlege beim Entwerfen der Handlung genau, ob sie die Anforderungen der Themenstellung erfüllt.

▸▸ Präge dir vorab die **inhaltlichen Merkmale** der Textarten ein, die für deinen Aufsatz in Frage kommen. Nur wenn du z.B. viele Märchenmerkmale (z.B. Gegensätze, Dreizahl, Namenlosigkeit der Personen) kennst, kannst du einige davon auch in deinen Text einbauen.

▸▸ Halte **die Erzählperspektive** ein: Bei einem Märchen oder einer Fabel erzählst du in der dritten Person (Er- oder Sie-Form). Wenn du dagegen eine Geschichte in der Ich-Form weitererzählen sollst, führst du diese Erzählperspektive fort und schreibst, als seiest du ein Teil der Erzählung.

3. der sprachliche Ausdruck:

▸▸ Imitiere auch **den Sprachstil deines Textvorbildes**. Das gelingt dir z.B., wenn du veraltete Verben, Adjektive oder Nomen („Und so zog der Jüngling heiteren Gemüts in die Welt hinaus") oder typische Wendungen („Es war einmal …") gebrauchst.

▸▸ Schreibe anschaulich, spannend und abwechslungsreich. Eine Erzählung ist weder eine Aneinanderreihung wörtlicher Reden, noch eine endlose Beschreibung von Gegenständen oder Landschaften.

▸▸ Erzähle in der **typischen Zeit der Textsorte**. Im Märchen und in der Sage ist dies das Präteritum (1. Vergangenheit), in der Sage häufig auch das Perfekt (2. Vergangenheit).

4. Rechtschreibung und Zeichensetzung:

▸▸ Achte beim abschließenden Durchlesen vor allem auf folgende **Fehlerquellen**:
  ▸ Sind alle Nomen großgeschrieben, v.a. jene, in denen ein Adjektiv steckt (Mutlosigkeit, Tapferkeit)?
  ▸ Hast du „dass" (Konjunktion) und „das" (Artikel) nicht verwechselt?
  ▸ Hast du die Redezeichen richtig gesetzt?

© Verlag an der Ruhr | Postfach 10 22 51 | 45422 Mülheim an der Ruhr | www.verlagruhr.de | ISBN 978-3-8346-0328-9

Erzählen nach literarischem Vorbild

Name: _____

Aufbau	
1. Der Aufbau deines Aufsatzes orientiert sich an dem der vorgegebenen Textsorte.	
2. Deine Erzählung baut einen Handlungsstrang aus und verzichtet auf Nebenhandlungen.	
3. Dir gelingt in deiner Erzählung eine Hinführung auf einen spannenden Erzählkern.	
Teilnote	
Inhalt	
4. Du hältst alle Anforderungen der Themenstellung ein.	
5. Deine Erzählung enthält Merkmale der vorgegebenen Textart.	
6. Du beachtest die Erzählperspektive.	
Teilnote	
Sprache	

a) Ausdruck	**7.** Du schreibst im Erzählstil.	
	8. Es ist dir gelungen, die Sprache der vorgegebenen Textart nachzuahmen.	
	9. Du vermeidest Wortwiederholungen.	
	10. In deinem Aufsatz verwendest du einheitlich die richtige Zeitstufe.	
b) Sprachrichtigkeit	**11.** Rechtschreibung	
	12. Zeichensetzung	
Teilnote		

Form	
Zusätzliche Bemerkung:	
Gesamtnote	

© Verlag an der Ruhr | Postfach 10 22 51 | 45422 Mülheim an der Ruhr | www.verlagruhr.de | ISBN 978-3-8346-0328-9

Der persönliche Brief

1. Anforderungen in verschiedenen Jahrgangsstufen:

Der Inhalt des persönlichen Briefes ist normalerweise **ein erzählender Text**. Anders als bei der Erlebniserzählung, baut der Verfasser seinen Text jedoch nicht so auf, dass er **eine Spannungskurve mit einem Höhepunkt** enthält. Der persönliche Brief soll sich seinem realem Pendant insofern annähern, dass er auch mehrere Erlebnisse nacheinander aufführt. Der Schüler muss dazu die einzelnen Handlungen innerhalb des Briefes in eine sinnvolle Reihenfolge bringen. Die besondere Herausforderung des persönlichen Briefes besteht für den Schüler darin, einen Bezug zum Adressaten herzustellen. Dies kann etwa durch die Anrede, durch Fragen, Kommentare usw. geschehen. Auch das Aufgreifen von Gedanken, Wünschen, Ängsten usw. des Adressaten erfüllen diesen Zweck. Viele Schüler sind im Zeitalter elektronischer Medien, wie Handy und Computer, wenig geübt im Briefeschreiben.
Diese Aufsatzart vermittelt ihnen die grundlegenden Fertigkeiten der persönlichen Mitteilung in schriftlicher Form. Im Idealfall entdecken Schüler über sie auch den Wert des Briefeschreibens an sich.

2. Mögliche Aufgabenstellungen:

Der persönliche Brief ist keine Erlebniserzählung, die von Gruß- und Schlussformel eingerahmt wird. Dies sollte schon bei der Aufgabenstellung berücksichtigt werden. Als mögliche Themen für einen persönlichen Brief kommen verschiedene Schreibanlässe in Betracht. Die Schüler können z.B. **einen Antwortbrief** auf einen bereits vorliegenden Brief verfassen. Auch eine Aufforderung, wie: „Lade in einem Brief deinen Freund, der nicht in deinem Ort wohnt, ein, mit dir die Osterferien zu verbringen.", kann als thematischer Kern des Aufsatzes dienen. Bei dieser Aufgabenstellung bleibt dem Schüler noch genug Freiraum für eigene Ideen, um den Brief auszugestalten. Die Schüler können auch aufgefordert sein, mit ihrem Brief eine Kontaktanzeige aus einer Jugendzeitschrift zu beantworten (z.B.: „Hallo! Bin erst vor Kurzem nach XY gezogen und würde auf diesem Weg gerne nette Leute kennenlernen.") In jedem Fall sollte der Schreibanlass so gestaltet werden, dass er dem Schüler **Raum für eine persönliche Ausgestaltung** lässt und nicht in wenigen Zeilen abgehandelt werden kann. Die Aufgabe „Bedanke dich schriftlich bei deiner Patin für dein Weihnachtsgeschenk" ist also wenig geeignet.

3. Fähigkeiten, die die Schüler beherrschen sollten:

Um einen gelungenen persönlichen Brief verfassen zu können, müssen Schüler …
- ▸▸ sich in andere Menschen hineinversetzen und auf sie eingehen können **(Empathiefähigkeit)**,
- ▸▸ die **formalen Vorgaben** eines persönlichen Briefes (Grußformeln, Datum, Unterschrift usw.) einhalten können,
- ▸▸ den **Sprachstil** bzw. die **Sprachebene** an den Briefempfänger (Großeltern, Freund …) anpassen können.

Der persönliche Brief

So gelingt dir ...

1. der Aufbau:

▸▸ Achte auf die **korrekte äußere Form** des Briefes. Ordne Anrede, Grußformel und Unterschrift linksbündig an.

▸▸ Wähle eine **Anrede, die zum Empfänger passt** (z.B. „Liebe Oma, …"), und ende mit einer angemessenen Grußformel („Es grüßt dich herzlich dein …"). Die Grußformel „Mit freundlichen Grüßen" ist für einen persönlichen Brief nicht geeignet, du verwendest sie nur bei geschäftlichen bzw. sachlichen Schreiben.

▸▸ Vergiss nicht, den Brief am Ende zu unterschreiben.

▸▸ Gib oben rechts **Ort und Datum** an („Nürnberg, 20.03.2008").

▸▸ Ordne deine Themen im Hauptteil sinnvoll an. Greife sie z.B. in der Reihenfolge auf, in der sie im Brief, den du beantwortest, vorkommen.

2. der Inhalt:

▸▸ Überprüfe vor dem Schreiben, ob du die **Aufgabenstellung** vollständig erfasst hast. Kontrolliere z.B., ob du alle Punkte aus dem Brief, den du beantworten sollst, aufgegriffen hast.

▸▸ Gehe auf den **Empfänger deines Briefes** ein, indem du z.B. Fragen an ihn richtest, seine Fragen beantwortest oder seine Gedanken bzw. Wünsche aufgreifst.

3. der sprachliche Ausdruck:

▸▸ Passe den sprachlichen Ausdruck an den Empfänger deines Briefes an. Schreibst du an deine Paten, solltest du z.B. andere Wörter und Wendungen verwenden, als wenn du an einen Freund schreibst.

▸▸ Schreibe so, dass der Empfänger deinen Text gerne liest. Bemühe dich deshalb um eine **treffende und abwechslungsreiche Wortwahl** und einen entsprechenden Satzbau.

▸▸ Bleibe immer höflich deinem Briefpartner gegenüber. Schreibe z.B. nichts, was verletzen oder kränken könnte (also nicht: „Liebe Tante Betty, dein letzter Brief war zwar etwas langweilig, aber ich schreibe dir dennoch zurück."). Hüte dich aber auch vor übertriebenen Schmeicheleien, denn sie wirken unglaubwürdig.

▸▸ Wähle die **passende Anrede** („du" oder „Sie"), und halte sie konsequent ein.

4. Rechtschreibung und Zeichensetzung:

▸▸ Achte beim abschließenden Durchlesen auf Rechtschreibung und Kommasetzung.

▸▸ Schreibe **die Anredepronomen** korrekt: Die Anrede „Sie" und alle ihre Formen (z.B. Personal- und Possessivpronomen) werden im Brief großgeschrieben, z.B.: „Vielen Dank für Ihren Brief!" Oder: „Danke, dass Sie mir geschrieben haben."

▸▸ Die Anrede „du" kann groß- oder kleingeschrieben werden. Entscheide dich für eine Variante, und halte sie im gesamten Brief ein.

© Verlag an der Ruhr | Postfach 10 22 51 | 45422 Mülheim an der Ruhr | www.verlagruhr.de | ISBN 978-3-8346-0328-9

Der persönliche Brief

Name: _____

Aufbau	
1. Dein Brief weist eine korrekte äußere Form auf, d.h. Anrede, Datum, Ort etc. sind richtig angeordnet.	
2. Die Themen deines Briefes hast du in eine sinnvolle Anordnung gebracht.	
Teilnote	

Inhalt	
3. Anrede und Grußformel hast du passend gewählt.	
4. Dein Brief berücksichtigt alle Teilbereiche der Aufgabenstellung.	
5. Du gehst in deinem Schreiben auf den Empfänger ein.	
6. Du hast die einzelnen Themen deines Aufsatzes in angemessener Weise ausgestaltet.	
Teilnote	

Sprache		
a) Ausdruck	**7.** Deinen sprachlichen Ausdruck hast du an den Empfänger angepasst.	
	8. Du verwendest treffende Wörter.	
	9. Dein Satzbau ist abwechslungsreich.	
	10. Du schreibst höflich.	
	11. Deine Sprache ist dem Empfänger des Briefes angepasst.	
b) Sprachrichtigkeit	**12.** Rechtschreibung	
	13. Zeichensetzung	
Teilnote		

Form	
Zusätzliche Bemerkung:	
Gesamtnote	

© Verlag an der Ruhr | Postfach 10 22 51 | 45422 Mülheim an der Ruhr | www.verlagruhr.de | ISBN 978-3-8346-0328-9

Die Schilderung

1. Anforderungen in verschiedenen Jahrgangsstufen:

Ziel dieser Aufsatzart ist es, dem Leser den Eindruck zu vermitteln, während des Lesens **an der geschilderten Situation teilzuhaben**. Deshalb muss der Verfasser Wahrnehmungen, Gefühle und Gedanken möglichst anschaulich und detailliert wiedergeben. Schilderungen können bereits ab der siebten Jahrgangsstufe geschrieben werden. Nachdem sich die Schüler in der 5. und 6. Klasse in den erzählenden Aufsatzformen geübt haben, laufen sie bei dieser Textsorte leicht Gefahr, nach einigen Sätzen in den Erzählton zu verfallen. Sie wechseln dann z.B. ins Präteritum oder verwenden narrative Formulierungen (z.B. „dann"), die

typisch für Erlebnis- oder Fantasieerzählungen sind. Ebenso stark ausgeprägt ist bisweilen die Neigung, den Aufbau der Schilderung dem der erzählenden Aufsatzformen anzugleichen, sodass sich nicht wenige Schüler bemühen, in ihrer Schilderung eine Höhepunkt formvollendet auszugestalten. Im Bereich des Inhaltes versuchen sie oft krampfhaft, **aufregende Handlungen zu entwickeln**. Doch dieser Hang zur Erzählung legt sich erfahrungsgemäß im weiteren Verlauf der Mittelstufe. Schüler ab Klasse 9 kennen aus der Beschäftigung mit journalistischen Texten (v. a. der Reportage) schilderndes Schreiben.

2. Mögliche Aufgabenstellungen:

Grundsätzlich bieten sich für eine Schilderung viele Situationen an. Bei der Themenstellung sollte auf Folgendes geachtet werden:

▸▸ Das Thema sollte an **den Erfahrungshintergrund der Schüler** angepasst sein, bzw. die Schüler sollten die zu schildernde Situation wirklich kennen. Die Stimmung auf einem Hauptbahnhof zu schildern, kann für Schüler aus einer Großstadt sehr reizvoll sein, Schüler aus ländlichen Gegenden müssten sich wohl in allgemeine Klischees flüchten.

▸▸ In Abgrenzung zur Eventkultur, die Jugendlichen über die Medien vermittelt wird, sollten die Aufgaben **alltägliche Situationen** berücksichtigen: die morgendliche Busfahrt,

die vormittägliche Pause im Hof etc. Außerdem gilt: Je aufregender ein Ereignis, desto stärker besteht die Tendenz zum spektakulären Nacherzählen.

▸▸ Der Neigung zur Nacherzählung kann auch durch **einen kurzen Zeitraum**, zu dem der Schüler eine Schilderung verfassen soll, entgegengewirkt werden. Muss er „die letzten fünf Minuten vor dem Unterrichtsbeginn" schildern, so konzentriert er sich automatisch auf Einzelwahrnehmungen.

▸▸ Gut geeignet sind Situationen, die **vielfältige Sinneswahrnehmungen** anbieten (Schwimmbad, Bahnhof, Wochenmarkt etc.).

3. Fähigkeiten, die die Schüler beherrschen sollten:

Um eine Schilderung verfassen zu können, sollten die Schüler …

▸▸ Sinnesreize bewusst wahrnehmen,

▸▸ ihre Wahrnehmungen durch Mittel des Ausdrucks bzw. der Sprache wiedergeben,

▸▸ anschaulich schreiben und

▸▸ Einzelheiten darstellen können, ohne dabei den roten Faden zu verlieren.

Die Schilderung

So gelingt dir ...

1. der Aufbau:

▸▸ Beginne deinen Aufsatz damit, dass du einen **unmittelbaren Eindruck** wiedergibst. Der Leser deines Aufsatzes soll spüren, wo er sich aufhält, ohne dass du ihm gleich Zeit und Ort nennst.

▸▸ Ordne die Eindrücke so an, dass für den Leser der Eindruck entsteht, an der geschilderten Situation teilzuhaben.

▸▸ Falls du einen besonders beeindruckenden Moment schilderst, sollte der erst gegen Ende des Aufsatzes auftauchen. Du kannst darauf jedoch auch ganz verzichten und nur ganz gewöhnliche Wahrnehmungen wiedergeben.

2. der Inhalt:

▸▸ Berücksichtige **das Typische der Situation**. Bei einem Gang durch den Wochenmarkt sind dies z.B. die vielen Menschen und die sinnlichen Eindrücke, die die angebotenen Lebensmittel bieten (d.h. ihr Aussehen oder ihr Duft etc.).

▸▸ Ein Schwerpunkt deines Aufsatzes sollte die **Wiedergabe von unterschiedlichen Sinneseindrücken** sein (ohne dabei zu übertreiben). Überlege deshalb vor dem Schreiben genau: Was gibt es zu sehen? Welche Düfte, Geräusche oder Geschmäcker könntest du schildern?

▸▸ Widme dich bewusst **den Einzelheiten der Situation,** und verzichte auf Sammelbegriffe. Schreibe statt: „Im Klassenzimmer herrscht große Unruhe." besser: „Einige Schüler laufen aufgeregt durch den Raum, andere fragen sich gegenseitig Vokabeln ab."

▸▸ Achte darauf, dass du nicht in erster Linie Handlungen wiedergibst – sonst wird aus deiner Schilderung eine Erzählung!

▸▸ Lasse auch **die Gefühle und Gedanken** einfließen, die die geschilderte Situation begleiten, z.B.: „Eine Gruppe Kinder auf der anderen Seite sammelt laut lachend und singend die heruntergefallenen Kastanien auf. Ich stelle mir vor, was sie am nächsten Tag im Kindergarten wohl daraus basteln werden.").

3. der sprachliche Ausdruck:

▸▸ Erzähle nicht. Auf Wendungen, die z.B. Spannung aufbauen („Da sah er auf einmal …"), solltest du unbedingt verzichten.

▸▸ Bemühe dich um einen abwechslungsreichen Wortschatz und Satzbau.

▸▸ Schildere **im Präsens** (Gegenwart), dadurch wirkt deine Schilderung unmittelbar.

▸▸ Schreibe anschaulich, indem du z.B. aussagekräftige Adjektive, Vergleiche, Metaphern, Personifikationen, bildhafte Redensarten usw. verwendest.

▸▸ Schreibe überwiegend **in Satzreihen** (aneinandergereihte Hauptsätze). Zu viele Schachtelsätze stören die Unmittelbarkeit deiner geschilderten Eindrücke.

4. Rechtschreibung und Zeichensetzung:

▸▸ Achte beim abschließenden Durchlesen vor allem auf folgende **Fehlerquellen**:

  ▸ Muss statt „das" nicht doch „dass" stehen?

  ▸ Hast du vor und nach Nebensätzen ein Komma gesetzt, vor allem bei (eingeschobenen) Relativsätzen („Die Maronen, die auf einem glühenden Ofen geröstet werden, duften köstlich nach …").

© Verlag an der Ruhr | Postfach 10 22 51 | 45422 Mülheim an der Ruhr | www.verlagruhr.de | ISBN 978-3-8346-0328-9

Die Schilderung

Name: _____

Aufbau	
1. Der Leser wird vom ersten Satz an unmittelbar in die geschilderte Situation versetzt.	
2. Du hast die verschiedenen Eindrücke nachvollziehbar angeordnet.	
Teilnote	
Inhalt	
3. Du hast das Typische der Situation berücksichtigt.	
4. Dein Aufsatz enthält zahlreiche und unterschiedliche Sinneseindrücke.	
5. Dein Aufsatz gibt viele Einzelheiten wieder.	
6. In deiner Schilderung stellst du eigene Wahrnehmungen, statt Handlungen, in den Mittelpunkt.	
7. Du hast auch einfließen lassen, welche Gedanken und Stimmungen die Situation auslöst.	
Teilnote	

Sprache		
a) Ausdruck	**8.** Du hast umgangssprachliche Formulierungen vermieden.	
	9. Wortschatz und Satzbau deiner Schilderung sind abwechslungsreich.	
	10. Du hältst die richtige Zeitstufe (Präsens) ein.	
	11. Du schilderst und erzählst nicht.	
	12. Deine Schilderung ist anschaulich.	
b) Sprachrichtigkeit	**13.** Rechtschreibung	
	14. Zeichensetzung	
Teilnote		
Form		
Zusätzliche Bemerkung:		
Gesamtnote		

© Verlag an der Ruhr | Postfach 10 22 51 | 45422 Mülheim an der Ruhr | www.verlagruhr.de | ISBN 978-3-8346-0328-9

Erzählen zu einem Bild

1. Anforderungen in verschiedenen Jahrgangsstufen:

Bei dieser Aufsatzart geht es nicht darum, ein Bild zu beschreiben bzw. im Hinblick auf Aufbau, Farbe oder Malstil zu analysieren. Das Bild dient dem Schüler vielmehr **als Schreibanlass bzw. Anregung für eine Geschichte**. Deren Handlung sollte zwar inhaltliche Elemente des Bildes aufgreifen, darf jedoch z.B. die Funktionen und Rollen von dargestellten Personen frei deuten. Was die inhaltliche Ausgestaltung betrifft, sollte der Schüler dabei **das innere Geschehen betonen**. In sprachlicher Hinsicht muss er eine Balance zwischen erzählendem und schilderndem Stil finden, was diese Aufsatzart besonders anspruchsvoll macht. Daher sollte sie frühestens ab der siebten Jahrgangsstufe, hauptsächlich jedoch in der achten Klasse zum Einsatz kommen. Entwicklungspsychologisch gesehen, verlagert sich in diesem Alter der Blick der Jugendlichen stärker nach innen. Somit können sie inneres Geschehen besser wahrnehmen und auch zum Ausdruck bringen als Fünft- oder Sechstklässler.

2. Mögliche Aufgabenstellungen:

Je stärker ein Bild (Foto, Kunstdruck etc.) Stimmungen ausdrückt und Gefühle weckt, desto eher inspiriert es den Schüler zu einer Geschichte. Dabei kann das Bild auf vielfältige Weise zum Erzählanlass werden:

▸▸ Der Schüler kann sich **in eine Person hineinversetzen** und aus ihrer Sicht Gedanken und Gefühle festhalten.

▸▸ Er kann die Erinnerungen oder Assoziationen schildern, die das Bild in ihm hervorrufen und in die Perspektive einer fiktiven Figur einbetten. Eine Aufgabenstellung könnte hierzu lauten: „Erzähle aus der Sicht der Person, die am Fenster steht, eine Geschichte, an die sie sich gerade erinnert."

▸▸ Besonders reizvoll sind **offene Arbeitsaufträge**: „Erzähle eine Geschichte zu diesem Bild.".

Auch wenn bei dieser Aufsatzart das äußere Geschehen im Vergleich zur klassischen Bildergeschichte (hier geben die Bilder die Handlungsschritte weitgehend vor) in den Hintergrund rückt und die Erzählung schildernde Momente gewinnt, sollte dennoch **ein Erzählkern erkennbar sein**. Der klassische Spannungsbogen ist bei dieser Form des Erzählens ebenfalls nicht unbedingt das Ziel. Stattdessen ist es sinnvoll, auf eine informierende, hinführende Einleitung zu Gunsten eines unmittelbaren Einstieges zu verzichten.

3. Fähigkeiten, die die Schüler beherrschen sollten:

Um zu einem Bild erzählen zu können, müssen Schüler …

▸▸ ein Bild intensiv und genau wahrnehmen,

▸▸ sich in **Situationen hineinversetzen**,

▸▸ Erzähltechniken beherrschen und

▸▸ **Empfindungen und Stimmungen schildern** können.

Erzählen zu einem Bild

So gelingt dir ...

1. der Aufbau:

▸▸ Beginne deine Erzählung mit **einer Über-schrift, die das Interesse des Lesers weckt,** aber noch nicht zu viel verrät.

▸▸ Schaffe einen **unmittelbaren Einstieg** in deine Erzählung. Vermeide ausführliche und informierende Einleitungen.

▸▸ Achte darauf, dass die Handlung deiner Erzählung **logisch aufgebaut** ist.

▸▸ Runde deine Erzählung durch einen gelungenen Schluss (z.B. eine überraschende Pointe) ab.

2. der Inhalt:

▸▸ Du musst das Bild nicht detailgetreu wiedergeben, aber **mit dem Inhalt deiner Geschichte an den Bildinhalt anknüpfen.** Stellt das Bild z.B. traurige Menschen dar, solltest du keine lustige Handlung entwerfen, in der alle Charaktere fröhlich und unbekümmert sind.

▸▸ Du kannst dich in eine Person im Bild hineinversetzen und aus ihrer Sicht erzählen. Erzähle in der Ich- oder in der Er- bzw. Sie-Form – beides ist möglich. **Halte jedoch die einmal gewählte Perspektive unbedingt ein.** Beachte außerdem, dass diese Person eine eingeschränkte Sicht der Dinge hat und kein allwissender Erzähler sein kann.

▸▸ Vergiss nicht, **Empfindungen und Gedanken der Person(en) wiederzugeben.** Liste diese nicht einfach auf, sondern bette sie an geeigneter Stelle in das Geschehen ein.

3. der sprachliche Ausdruck:

▸▸ Schreibe anschaulich, z.B. indem du Vergleiche verwendest („Er fühlte sich stark wie ein Bär.") oder Ereignisse direkt darstellst: „Der Regen trommelte unaufhörlich." Nicht: „Ich hörte, wie der Regen trommelte."

▸▸ **Schildere an wichtigen Stellen detailliert:** „Drei kurze Schläge ertönten, dann mit kürzerem Abstand vier weitere, von dumpferem Klang."

▸▸ Achte darauf, neben der Verwendung schildernder Elemente auch zu erzählen. Das gelingt dir z.B. durch folgende Begriffe und Wendungen: „plötzlich", „sogleich", „kurz darauf" etc.

▸▸ Verwende **die wörtliche Rede sehr sparsam.**

▸▸ Verwende das Präsens für unmittelbar Erlebtes, das Präteritum für Erzähltes und das Plusquamperfekt für Erinnertes.

4. Rechtschreibung und Zeichensetzung:

▸▸ Achte beim abschließenden Durchlesen vor allem auf folgende Bereiche der Rechtschreibung und Zeichensetzung:

› die Unterscheidung von „das" und „dass"

› Kommata zwischen Teilsätzen, auch wenn diese sehr kurz sind: „Ich warte, bis ein Fisch anbeißt."

© Verlag an der Ruhr | Postfach 10 22 51 | 45422 Mülheim an der Ruhr | www.verlagruhr.de | ISBN 978-3-8346-0328-9

Erzählen zu einem Bild

Name: _____

Aufbau	
1. Die Überschrift deiner Erzählung weckt die Neugier des Lesers, ohne zu viel zu verraten.	
2. Du lässt die Erzählung unmittelbar beginnen.	
3. Dein Aufsatz enthält einen erkennbaren Erzählkern.	
4. Handlungsschritte sind logisch angeordnet.	
Teilnote	
Inhalt	
5. Mit der Handlung knüpfst du an den Bildinhalt an.	
6. Du hast die Erzählperspektive eingehalten.	
7. Die innere Handlung (Gefühle, Gedanken und Empfindungen) hast du angemessen berücksichtigt und an passenden Stellen in die äußere Handlung eingebunden.	
8. Der Schluss deines Aufsatzes enthält eine Pointe bzw. rundet die Erzählung ab.	
Teilnote	

Sprache		
a) Ausdruck	**9.** Du hast deinen Text in sprachlicher Hinsicht anschaulich gestaltet.	
	10. Dein Sprachstil ist erzählend.	
	11. Du schreibst abwechslungsreich.	
	12. Die Verwendung der Zeitstufen ist dem Inhalt angepasst.	
b) Sprachrichtigkeit	**13.** Rechtschreibung	
	14. Zeichensetzung	
Teilnote		

Form	
Zusätzliche Bemerkung:	
Gesamtnote	

© Verlag an der Ruhr | Postfach 10 22 51 | 45422 Mülheim an der Ruhr | www.verlagruhr.de | ISBN 978-3-8346-0328-9

Der Bericht

1. Anforderungen in verschiedenen Jahrgangsstufen:

Für die Schüler ist der Bericht meist die erste sachliche, nichterzählende Aufsatzart und deshalb eine besondere Herausforderung. Diese Textsorte verlangt von ihnen, nicht ein Erlebnis (ob real oder erfunden) spannend und anschaulich auszugestalten, sondern **die kompakte Wiedergabe eines Ereignisses in sachlicher Sprache**. Deshalb sollte für den Einstieg in diese Aufsatzart eine einfache und überschaubare Handlung gewählt werden, die sich gut in Handlungsschritte untergliedern lässt. Gerade einfache Bildergeschichten sind als Informationsgrundlage für Anfänger gut geeignet. Schwieriger wird es, wenn die Schüler die Handlungsschritte erst in die richtige Reihenfolge bringen und selbst zwischen wichtigen und unwichtigen Informationen unterscheiden müssen (z.B. Zeugenaussagen beim Verkehrsbericht). Wird ein Bericht auf der Grundlage von Zeugenaussagen im mündlichen Stil oder einer anderen Erzählung verfasst, muss der Schüler auch **von der erzählerischen auf die sachliche Sprachebene wechseln**. Diese „Übersetzungsleistung" stellt eine weitere Herausforderung des Berichtes dar.

2. Mögliche Aufgabenstellungen:

Die Schüler können Berichte über **ein Ereignis aus ihrem Alltag** verfassen, etwa über ein Schulfest, eine Autorenlesung oder eine Exkursion. Ausgangsbasis ihres Aufsatzes können aber auch Bilder bzw. Bildergeschichten, (Verkehrs-) Unfallskizzen oder Unfallberichte bzw. Zeugenaussagen zu einem Unfall sein. Eine besondere Herausforderung stellt **das Umwandeln einer Erzählung in einen Bericht** dar. Dafür eignet sich allerdings nicht jeder erzählende Text!

3. Fähigkeiten, die die Schüler beherrschen sollten:

Um eine Bericht verfassen zu können, müssen Schüler …

▸▸ zwischen **wichtigen und unwichtigen Informationen unterscheiden,**

▸▸ einem Text, einer Skizze oder einer Bilderfolge Informationen entnehmen,

▸▸ Handlungsschritte nach ihrer zeitlichen Abfolge anordnen und darstellen können sowie

▸▸ einen sachlichen und verkürzenden Sprachstil beherrschen.

Der Bericht

So gelingt dir ...

1. der Aufbau:

▸▸ Untergliedere deinen Bericht deutlich sichtbar **in Einleitung, Hauptteil und Schluss**. Achte darauf, dass diese drei Teile deines Aufsatzes im richtigen Verhältnis zueinander stehen, d.h. dass die Einleitung z.B. nicht länger ist als der Hauptteil.

▸▸ Ordne die Handlungsschritte im Hauptteil so an, dass ihre Reihenfolge dem zeitlichen Ablauf des Geschehens entspricht.

2. der Inhalt:

▸▸ Beantworte **die W-Fragen** (Wer? Wo? Was? Wann?) in der Einleitung.

▸▸ Gib im Hauptteil deines Berichts die Antwort auf die Fragen „Wie?" und – falls möglich – „Warum?"

▸▸ Stelle im Schluss **die Folgen des Geschehens** dar.

▸▸ Achte darauf, **nur wichtige Informationen** in deinen Bericht aufzunehmen. Schreibst du z.B. einen Unfallbericht, ist das Wetter nur dann wichtig, wenn es Einfluss auf die Geschehnisse hatte (z.B.: kalte Witterung, die zu Glatteis auf der Kreuzung führte, oder Nebel, der die Sicht der Fahrer einschränkte).

▸▸ Gib alle wichtigen Informationen vollständig wieder. Verzichte darauf, Gedanken, Gefühle oder bloße Vermutungen wiederzugeben. Sie lassen deinen Bericht unsachlich wirken.

▸▸ Halte die **vorgegebene Perspektive** (Ich- oder Er-/Sie-Perspektive) ein.

3. der sprachliche Ausdruck:

▸▸ Berichte knapp und sachlich über die Ereignisse, und verzichte **auf sprachliche Mittel, die Spannung erzeugen** (nicht: „Da sprang plötzlich die Ampel auf rot.").

▸▸ Verwende **keine wörtliche Rede**, keine ausschmückenden Adjektive und keine umgangssprachlichen Wendungen (nicht: „Plötzlich stieg Frau X in die Eisen ihres eleganten Cabrios, doch da hatte es schon gescheppert.").

▸▸ Achte auf eine genaue und treffende Ausdrucksweise. Das bedeutet, dass du z.B. für einen Verkehrsbericht auch **Fachbegriffe** kennen musst (nicht: „der linke, seitlich-vordere Teil des Autos", sondern: „der linke Kotflügel").

▸▸ Halte die korrekte Zeitstufe (Präteritum) ein.

▸▸ Verwende Adverbialsätze, um Zusammenhänge darzustellen (z.B.: „Da die Straße nass war, kam das Fahrzeug nicht mehr rechtzeitig zum Stehen.").

4. Rechtschreibung und Zeichensetzung:

▸▸ Achte beim abschließenden Durchlesen vor allem auf folgende **Fehlerquellen**:
  ▸ Hast du alle Verben, die zu Nomen wurden, großgeschrieben (beim Bremsen auf der glatten Fahrbahn)?
  ▸ Hast du „dass" (Konjunktion) und „das" (Artikel) nicht verwechselt?

© Verlag an der Ruhr | Postfach 10 22 51 | 45422 Mülheim an der Ruhr | www.verlagruhr.de | ISBN 978-3-8346-0328-9

Der Bericht

Name: _____

Aufbau		
1. Dein Bericht ist sichtbar in Einleitung, Hauptteil und Schluss untergliedert.		
2. Einleitung, Hauptteil und Schluss stehen in sinnvollem Verhältnis zueinander.		
Teilnote		
Inhalt		
3. Du hast die W-Fragen „Wer?", „Wo?", „Was?" und „Wann?" in der Einleitung beantwortet.		
4. Die Einzelheiten des Geschehens, von dem du berichtest, hast du in der richtigen zeitlichen Abfolge dargestellt.		
5. Der Hauptteil deines Aufsatzes beantwortet die Fragen „Wie?" und „Warum?".		
6. Der Schluss stellt die Folgen des Geschehens dar.		
7. Du gibst alle für den Hergang des Geschehens wichtigen Informationen vollständig wieder.		
8. Dein Bericht enthält nur sachliche Informationen und Fakten und verzichtet auf die Darstellung von Gedanken und Gefühlen.		
9. Du hältst die vorgegebene Perspektive (Ich- bzw. Er-/Sie-Perspektive) ein.		
Teilnote		
Sprache		
a) Ausdruck	10. Du schreibst im sachlichen Berichtstil.	
	11. Du verwendest treffende Substantive und Verben.	
	12. Du verzichtest auf sprachliche Elemente, die Spannung aufbauen.	
	13. Du schreibst einheitlich im Präteritum (1. Vergangenheit).	
b) Sprachrichtigkeit	14. Rechtschreibung	
	15. Zeichensetzung	
Teilnote		
Form		
Zusätzliche Bemerkung:		
Gesamtnote		

© Verlag an der Ruhr | Postfach 10 22 51 | 45422 Mülheim an der Ruhr | www.verlagruhr.de | ISBN 978-3-8346-0328-9

Die Gegenstandsbeschreibung

1. Anforderungen in verschiedenen Jahrgangsstufen:

Beschreibende Texte (Vorgangs-, Bild-, Personenbeschreibung) sind in den Lehrplänen der sechsten bis achten Jahrgangsstufe fest verankert.

Bei der Gegenstandsbeschreibung soll ein Objekt mit sprachlichen Mitteln so beschrieben werden, dass der Leser sich sein Äußeres (evtl. auch seine Funktion) genau vorstellen kann. Ein gelungener Text dieser Aufsatzart lässt also **ein exaktes Abbild des Objektes** vor dem geistigen Auge des Lesers entstehen. Das beschreibende Schreiben kommt allgemein vor allem jenen Schülern entgegen, die sich dabei schwertun, eine fiktive Handlung zu entwickeln und zu erzählen. Häufig fallen diesen Schülern Beschreibungen leichter,

da sich ihre Inhalte an einer realen Vorgabe orientieren und sachliche Sprache verlangen. Bei der Vorbereitung auf diese Aufsatzart ist es wichtig, die häufig zu oberflächliche Wahrnehmung der Schüler zu schärfen und **ihre Konzentration auf die Einzelheiten eines Gegenstandes zu lenken**. Hier bietet sich z.B. an, gemeinsam einen detaillierten Katalog zur Beschaffenheit eines Gegenstandes (Form, Größe, Oberfläche, Muster, Farbe, Besonderheiten) in Form einer Mindmap® zu erstellen, denn Schüler können nur gekonnt beschreiben, wenn sie über ein Repertoire an treffenden Wörtern bzw. Fachbegriffen verfügen.

2. Mögliche Aufgabenstellungen:

Im Mittelpunkt der Gegenstandsbeschreibung steht **die äußere Form des Objektes und seine Eigenschaften**. Vor allem bei ungewöhnlicheren Gegenständen ist es sinnvoll, dass auch erklärt wird, wozu sie verwendet werden bzw. wie sie funktionieren. Hilfreich für den Leser kann es auch sein, wenn der Beschreibende darauf eingeht, aus welchen Einzelteilen sich der Gegenstand zusammensetzt. Um den Realitätsbezug dieser Aufsatzart zu verdeutlichen, bieten sich z.B. Beschreibungen **im Rahmen einer Verlustmeldung** an. Als vermisster Gegenstand kommen z.B. ein Handy, ein Fahrrad oder ein Regen-

schirm etc. in Frage. Die Aufgabenstellung könnte lauten: „Du hast dein Handy in der Schule verloren. Beschreibe es für die Rubrik ‚Verloren – Gefunden' am Schwarzen Brett."

Häufig soll auch die Beschaffenheit des Materials (hart, weich, glatt, rau etc.) beschrieben werden. Daher ist es sehr zu empfehlen, den Gegenstand in den Unterricht mitzubringen, sodass dieser mit allen Sinnen erkundet werden kann.

Generell sollte bei der Auswahl von zu beschreibenden Gegenständen darauf geachtet werden, dass die dafür **notwendigen Fachbegriffe** den Schülern bekannt sind.

3. Fähigkeiten, die die Schüler beherrschen sollten:

Um einen Gegenstand schriftlich beschreiben zu können, müssen Schüler …

» eine detaillierte Wahrnehmung besitzen,

» einen Blick für das Wesentliche und Charakteristische eines Gegenstandes haben,

» über Fachwortschatz verfügen,

» Techniken des anschaulichen Schreibens beherrschen,

» Einzelheiten präzise und geordnet zu Papier bringen und sie in eine abwechslungsreiche Syntax einbetten können.

Die Gegenstandsbeschreibung

So gelingt dir ...

1. der Aufbau:

▸▸ Leite deine Gegenstandsbeschreibung durch **eine kurze Einleitung** ein: Hier kannst du z.B. den Standort des Gegenstands nennen oder den Anlass der Beschreibung (z.B. Verlustanzeige) erwähnen.

▸▸ Beschreibe im ausführlichen Hauptteil deinen Gegenstand. Achte dabei auf **eine sinnvolle Anordnung** der Sätze: Schreibe zunächst über die offensichtlichen und sofort wahrnehmbaren Merkmale des Gegenstandes, und gehe anschließend auf seine Einzelheiten ein. Achte gleichzeitig darauf, den Gegenstand systematisch zu beschreiben, z.B. von oben nach unten, von Bereich zu Bereich, von außen nach innen etc.

▸▸ Versuche, die Beschreibung **mit einem kurzen Schluss abzurunden**. Du kannst z.B. beschreiben, wann und von wem der Gegenstand häufig benutzt wird, evtl. auch, was dir an diesem Gegenstand besonders gefällt.

2. der Inhalt:

▸▸ Berücksichtige **die vielen Bereiche, die das Aussehen eines Gegenstandes bestimmen** (Form, Größe und Gewicht, Farbe, Material, Oberflächenbeschaffenheit, Verzierungen, Besonderheiten). Natürlich spielen nicht alle Bereiche immer eine gleich große Rolle. Wähle bei deinem jeweiligen Gegenstand aus, welche Bereiche für die Beschreibung besonders wichtig sind.

▸▸ Versuche, die Beschreibung wichtiger Teile auch **mit ihrer Funktion zu verknüpfen**. Damit wird dem Leser klar, warum sie überhaupt zu dem Gegenstand gehören. Ein Beispiel: „Die schlanke Aluverstrebung an der Unterkante verleiht dem Rahmen zusätzliche Stabilität."

▸▸ Stelle deutlich heraus, was das Charakteristische des Gegenstandes ist, d.h. was ihn von allen anderen dieser Art unterscheidet.

3. der sprachliche Ausdruck:

▸▸ Schreibe sachlich. Dazu gehört z.B., dass du im Hauptteil **persönliche Wertungen** vermeidest, d.h. deine Beschreibung verrät nicht, ob dir der Gegenstand gefällt oder nicht (nicht: Das graubraune Muster des Bezuges sieht ziemlich hässlich aus.)

▸▸ Schreibe anschaulich. Verwende viele Attribute, vor allem aussagekräftige Adjektive, die einen verkürzten Vergleich enthalten, z.B. „trichterförmig" (geformt wie ein Trichter), „genarbt" (wie vernarbte Haut) oder „helmartig" (wie ein Helm).

▸▸ Verwende so oft wie möglich **Fachausdrücke**, um besonders exakt zu beschreiben (die „Eject-Taste", der „Carbonrahmen").

▸▸ Vermeide Wortwiederholungen, und gehe v.a. mit der Wendung „etwas befindet sich" sparsam um. Verwende stattdessen folgende Alternativen: etwas steht, sitzt, hängt, ist montiert/befestigt/angebracht; etwas bemerkt man, etwas fällt ins Auge, ist zu bemerken/sehen/erkennen.

▸▸ Verwende stets **das Präsens** (Gegenwart).

4. Rechtschreibung und Zeichensetzung:

▸▸ Achte beim abschließenden Durchlesen vor allem auf folgende **Fehlerquellen**:

  ▸ Unterscheide die Konjunktion „dass" von dem Artikel „das".

  ▸ Beachte die Wortarten: Auch wenn der erste Teil eines zusammengesetzten Adjektivs ein Nomen ist, schreibt man es klein (z.B. „rabenschwarz", „sommersprossig").

© Verlag an der Ruhr | Postfach 10 22 51 | 45422 Mülheim an der Ruhr | www.verlagruhr.de | ISBN 978-3-8346-0328-9

Die Gegenstandsbeschreibung

Name: _____

Aufbau	
1. Mit der Einleitung führst du gut zur Beschreibung des Gegenstandes hin.	
2. Im Hauptteil wird der Gegenstand systematisch beschrieben.	
3. Die Reihenfolge der Teilschritte deiner Beschreibung ist sinnvoll.	
4. Der Schluss rundet deinen Aufsatz ab.	
Teilnote	
Inhalt	
5. Im Hauptteil beschreibst du deinen Gegenstand systematisch.	
6. Du hast die wichtigsten Merkmalsbereiche des Gegenstandes berücksichtigt.	
7. Du hast in deiner Beschreibung das Äußere bestimmter Einzelteile mit ihrer Funktion verknüpft.	
8. Du bist auf das Charakteristische, das Besondere dieses Gegenstandes eingegangen.	
Teilnote	

Sprache		
a) Ausdruck	**9.** Dein Sprachstil ist sachlich und angemessen.	
	10. Du schreibst anschaulich.	
	11. Du verwendest wichtige Fachbegriffe.	
	12. Du schreibst abwechslungsreich.	
	13. Die verwendete Zeitform (Präsens) ist richtig und einheitlich.	
b) Sprachrichtigkeit	**14.** Rechtschreibung	
	15. Zeichensetzung	
Teilnote		
Form		
Zusätzliche Bemerkung:		
Gesamtnote		

© Verlag an der Ruhr | Postfach 10 22 51 | 45422 Mülheim an der Ruhr | www.verlagruhr.de | ISBN 978-3-8346-0328-9

Die Vorgangsbeschreibung

1. Anforderungen in verschiedenen Jahrgangsstufen:

Vorgangsbeschreibungen spielen in unserem Alltag eine wichtige Rolle, z.B. immer dann, wenn wir jemandem erklären, wie wir unser Lieblingsgericht zubereiten oder wie ein Spiel funktioniert. Als Aufsatzart ermöglicht es die Vorgangsbeschreibung, die Lebenswirklichkeit der Schüler in den Unterricht zu holen, indem sie **Vorgänge aus ihrem Alltag** beschreiben. Die Anforderungen, die eine Vorgangsbeschreibung an ihren Verfasser stellt, bemessen sich v.a. nach der Schwierigkeit des zu beschreibenden Vorgangs. Je komplexer dieser ist, umso schwieriger wird die Beschreibung. Umgekehrt gilt: Je vertrauter der Vorgang den Schülern ist, umso leichter können sie ihn beschreiben. Um die Komplexität zu reduzieren, sollten die Schüler die einzelnen Schritte des Vorganges vorab auf einem Stichwortzettel notieren und strukturieren. Dieser kann dann auch mit dem Aufsatz selbst abgegeben werden und fließt evtl. in die Bewertung mit ein. Die Vorgangsbeschreibung verlangt von Schülern nicht zuletzt auch, **sich in andere hineinzuversetzen**. Sie müssen vor dem Schreiben genau überlegen, welche Informationen der „unwissende" Leser benötigt, um den Vorgang nachvollziehen zu können.

2. Mögliche Aufgabenstellungen:

Vorgangsbeschreibungen sollten **kontextualisiert, d.h. in einen Rahmen eingebettet werden**, z.B.: „Ihr seid auf Klassenfahrt. Da es regnet, müsst ihr im Haus bleiben. Erkläre deinen Klassenkameraden das Spiel ‚Die Reise nach Jerusalem'." Auch alltägliche Verrichtungen im Haushalt oder einfache handwerkliche Tätigkeiten eignen sich als Themen für eine Vorgangsbeschreibung, z.B.: Schuhe putzen, Betten beziehen, einen Rührkuchen oder Waffeln backen, Fahrradreifen flicken, Videorekorder programmieren usw. Wichtig ist, dass die zu beschreibenden Tätigkeiten den Schülern **gut bekannt sind oder ihnen vorgeführt wurden**. Dies kann „live" im Unterricht oder mit Hilfe eines Filmes geschehen. Bei der Vorgangsbeschreibung bietet sich auch die Zusammenarbeit mit anderen Fächern an, z.B. mit Sport (ein Spiel oder eine Turnübung beschreiben), Handarbeit oder Hauswirtschaft. Als Grundlage für den Aufsatz kann aber auch **eine Bildersequenz** (etwa aus einer Gebrauchsanweisung) dienen, die z.B. eine Bastelanleitung darstellt. Eine Sonderform der Vorgangsbeschreibung ist **die Wegbeschreibung**. Hier kann ein Stadtplan die Arbeitsgrundlage sein.

3. Fähigkeiten, die die Schüler beherrschen sollten:

Um eine Vorgangsbeschreibung verfassen zu können, sollten die Schüler …

» sich sachlich und genau ausdrücken,
» **Fachbegriffe kennen**,
» Zusammenhänge (z.B. Ursache und Wirkung oder zeitliche Abfolgen) sprachlich darstellen, z.B. durch Adverbialsätze, Beherrschen des Passivs,
» **den zu beschreibenden Vorgang genau analysieren** und in Handlungsschritte untergliedern,
» sich in andere hineinversetzen können.

Die Vorgangsbeschreibung

So gelingt dir ...

1. der Aufbau:

▸▸ Untergliedere deinen Aufsatz in **Einleitung, Hauptteil und Schluss**. Gib in der Einleitung an, welches Material (z.B. die Zutaten bei einem Kochrezept) und welches Werkzeug zur Ausführung des Vorgangs (z.B. Handrührgerät) benötigt werden. Achte hier auf Vollständigkeit!

▸▸ Gib im Hauptteil die Handlungsschritte **in der korrekten Abfolge** wieder.

▸▸ Im Schlussabsatz kannst du, z.B. bei einem Spiel oder Kochrezept, Varianten nennen oder z.B. erklären, wie der gebastelte Gegenstand benutzt werden kann.

2. der Inhalt:

▸▸ Überlege, ob du den Vorgang, den du beschreiben sollst, **genau verstanden hast**. Gib dann die Handlungsschritte so anschaulich und klar wieder, dass der Leser, der den Vorgang noch nicht kennt, sie tatsächlich nachvollziehen kann.

▸▸ Achte auf **Vollständigkeit und Genauigkeit** deiner Beschreibung.

3. der sprachliche Ausdruck:

▸▸ Stelle den Vorgang im knappen Sachstil dar.

▸▸ **Verzichte auf ausschmückende Schilderungen** (nicht: „Nun schneiden Sie die leuchtenden Äpfel mit ihrer glänzenden Schale blitzschnell in Viertel."), persönliche Bemerkungen (nicht: „Zur Verzierung können Sie Schokoladendekor verwenden. Auch meine Oma macht das immer so.") und umgangssprachliche Wendungen.

▸▸ Zu einer genauen und treffenden Ausdrucksweise gehört die Verwendung der jeweiligen Fachsprache, z.B. um Tätigkeiten beim

Kochen zu beschreiben: „entkernen", „hacken", „unterrühren", „abgießen" usw.

▸▸ Wähle eine Anrede, die zur Aufgabenstellung passt („du", wenn du z.B. einem Freund etwas erklärst), oder formuliere unpersönlich mit „man".

▸▸ Da du einen wiederholbaren Vorgang beschreibst, musst du **im Präsens schreiben**.

▸▸ **Das Passiv** ist zur Beschreibung eines Vorganges gut geeignet, denn es rückt die Tätigkeit in den Vordergrund, die handelnde Person in den Hintergrund, z.B.: „Der geschälte Apfel wird nun in Viertel geschnitten." Wechsle jedoch immer wieder zwischen Aktiv und Passiv ab, sonst wird dein Text zu eintönig.

▸▸ Verwende **Adverbialsätze** zur Darstellung von Zusammenhängen z.B.: „Nachdem wir den Apfel geschält haben, schneiden wir ihn in Viertel."

4. Rechtschreibung und Zeichensetzung:

▸▸ Achte beim abschließenden Durchlesen vor allem auf folgende **Fehlerquellen**:
  ▸ Unterscheide zwischen der Konjunktion „dass" und dem Artikel „das".
  ▸ Setze vor und nach Nebensätzen ein Komma, vor allem bei Adverbialsätzen („Sobald der Teig gegangen ist, kann er ausgerollt werden.").

© Verlag an der Ruhr | Postfach 10 22 51 | 45422 Mülheim an der Ruhr | www.verlagruhr.de | ISBN 978-3-8346-0328-9

Die Vorgangsbeschreibung

Name: _____

Aufbau	
1. Dein Aufsatz ist deutlich in Einleitung, Hauptteil und Schluss gegliedert.	
2. Die Einleitung zählt alle für den Vorgang benötigten Materialien (bzw. Zutaten, Werkzeuge etc.) auf.	
3. Die Handlungsschritte im Hauptteil sind in der richtigen Reihenfolge wiedergegeben.	
4. Du hast einen sinnvollen Schlussabsatz verfasst.	
Teilnote	
Inhalt	
5. Du hast den Vorgang exakt beschrieben.	
6. Du hast die einzelnen Handlungsschritte vollständig und genau wiedergegeben.	
7. Deine Beschreibung des Vorgangs ist anschaulich.	
Teilnote	
Sprache		
a) Ausdruck	**8.** Du hältst einen sachlichen Sprachstil ein.	
	9. Du drückst dich treffend und genau aus.	
	10. Du verwendest die richtigen Fachbegriffe.	
	11. Der Adressatenbezug in deinem Aufsatz ist durchgehend einheitlich.	
	12. Die Zeitstufe ist einheitlich und korrekt (Präsens).	
	13. Du verwendest Adverbialsätze, um Zusammenhänge darzustellen.	
	14. Du benutzt an passenden Stellen das Passiv.	
b) Sprachrichtigkeit	**15.** Rechtschreibung	
	16. Zeichensetzung	
Teilnote		
Form		
Zusätzliche Bemerkung:		
Gesamtnote		

© Verlag an der Ruhr | Postfach 10 22 51 | 45422 Mülheim an der Ruhr | www.verlagruhr.de | ISBN 978-3-8346-0328-9

Die Personenbeschreibung

1. Anforderungen in verschiedenen Jahrgangsstufen:

Die Personenbeschreibung ist eine Aufsatzart, die sich vor allem für die siebte oder achte Jahrgangsstufe eignet. In dieser Zeit der Identitätsbildung werfen viele einen verstärkten Blick auf sich selbst und andere bzw. beobachten einander sehr intensiv. Die situative Personenbeschreibung zielt darauf ab, **eine oberflächliche und möglicherweise von körperlichen Merkmalen geleitete Wahrnehmung aufzubrechen bzw. zu erweitern**. Um diese Aufsatzart vorzubereiten, bietet es sich an, gemeinsam Merkmale in Bezug auf Aussehen und Charakter einer Personen zusammenzustellen – am besten in Form einer Mindmap®. Auf diese Weise soll der Schüler ein Repertoire von „Bausteinen" erwerben, mit dem er anschließend **eine Person in einer besonderen Situation** beschreiben kann. Jüngeren Schülern, deren Schreibgewohnheiten noch stark von den erzählenden Texten geprägt sind, muss dabei vermittelt werden, dass nicht die Handlungen einer Person oder das äußere Geschehen eine zentrale Rolle spielen, sondern dass diese nur den Rahmen für die Personenbeschreibung bilden. Im Hinblick auf die neunte und zehnte Jahrgangsstufe ist diese Aufsatzart auch eine gute Annäherung an die literarische Charakteristik.

2. Mögliche Aufgabenstellungen:

Je nach Verwendungszweck kann eine Personenbeschreibung sehr unterschiedlich ausfallen. Dient sie einer Fahndung, so ist ein sachlichnüchterner Sprachstil angeraten, ist sie jedoch für ein Porträt in der Abschlusszeitung bestimmt, sollte der Schreibstil unterhaltsam sein und darf subjektive Züge annehmen. Handelt es sich um den Teil einer längeren Reportage, ist der Schreibstil zwischen Sachlichkeit und Unterhaltung anzusiedeln. Daher ist es unverzichtbar, den Schülern vorab deutlich zu machen, welchen Einfluss der Adressat auf die jeweilige Personenbeschreibung hat: Wer z.B. einem Polizeibeamten eine Person beschreibt, sollte sich auf die äußeren Merkmale beschränken, wie sie etwa in einem Steckbrief aufgeführt sind. Weitaus reizvoller für den Aufsatzunterricht ist jedoch die so genannte situative Personenbeschreibung, bei der die **objektiven, äußeren Merkmale mit den Charaktereigenschaften der Person und ihren Wirkungen auf den Betrachter verknüpft werden**. Außerdem sollte auch die Situation in die Beschreibung mit einfließen. Für die Aufgabenstellung sollte eine Person in einer Situation gewählt werden, die den Schülern bekannt ist und die sie gerne beschreiben wollen. Folgende Themenstellungen bieten sich z.B. an:

▸▸ Meine Mutter/mein Vater beim Autofahren.
▸▸ Unser Lehrer beim Erklären an der Tafel.
▸▸ Eine Mitschülerin wird abgefragt.

3. Fähigkeiten, die die Schüler beherrschen sollten:

Um eine Person beschreiben zu können, müssen Schüler …

▸▸ eine **vielseitige Wahrnehmung** besitzen,
▸▸ einen Blick für das Wesentliche bzw. Charakteristische einer Person und Situation haben,
▸▸ über **Fachwortschatz** zur Beschreibung des Aussehens einer Person verfügen,
▸▸ die Bereiche Aussehen, Charakter und Situation miteinander verknüpfen können.

Die Personenbeschreibung

So gelingt dir ...

1. der Aufbau:

» **Führe in der Einleitung zum Thema hin.**
Stelle entweder die Person kurz vor, und nenne ihren Namen, oder führe zur Situation hin, und erwähne die zu beschreibende Person zunächst nur.

» Verknüpfe im Hauptteil **die äußeren Merkmale der Person mit ihren Charaktereigenschaften und ihrem Verhalten**.

» Achte darauf, einzelne Bereiche des Aussehens zusammenhängend zu beschreiben. Wechsle nicht von der Haarfarbe zu den Schuhen, und beschreibe dann die Frisur.

» Runde mit dem Schluss deinen Aufsatz sinnvoll ab: Du kannst ein persönliches Urteil abgeben, Einzelbeobachtungen des Hauptteils zu einem Gesamteindruck zusammenfassen oder kurz darauf eingehen, welche Handlung sich anschließen wird.

2. der Inhalt (je nach Aufgabenstellung):

» Berücksichtige **die vielen Bereiche, die das Aussehen einer Person bestimmen**: Körperbau, Gesicht, Kleidung, Gestik und Mimik usw. Du brauchst aber nicht alle zu erwähnen, konzentriere dich vor allem auf die Bereiche, die das Besondere der Person ausmachen.

» Gehe auch auf **die Charaktereigenschaften und auf typische Verhaltensweisen der Person in der jeweiligen Situation ein** (z.B.: „Von Zeit zu Zeit legt sie den Stift zur Seite, um nachzudenken. Dann gleiten ihre Finger an den beiden vorderen Strähnen ihres kastanienbraunen Haares entlang.").

▸ Bestimmte Informationen sind unverzichtbar: Name, Alter und Geschlecht. Sie musst du auf jeden Fall erwähnen.

» Nenne auch, was an deiner Person typisch und unverwechselbar ist (z.B.: „Besonders auffallend ist ein kleiner Stofftiger, den sie als Maskottchen auf ihren Schoß gelegt hat.").

» Die Situation ist nur der Rahmen für deine Personenbeschreibung. Sie darf nicht in den Vordergrund rücken.

3. der sprachliche Ausdruck:

» Passe deine Beschreibung **ihrem Verwendungszweck** an. Wenn du die Person für eine polizeiliche Fahndung beschreibst, musst du sachlich schreiben. Ansonsten kannst du eigene Empfindungen in deinen Text einfließen lassen.

» Achte darauf, dass die Beschreibung des Aussehens nicht zu einer bloßen Aufzählung von Merkmalen wird. Schreibe abwechslungsreich.

» Verwende Wörter, die genau das treffen, was du ausdrücken möchtest. Eigne dir dafür einen besonderen Wortschatz an. Einige **Adjektive** sind z.B. typisch für bestimmte Körperteile: ein fliehendes/kantiges/ausgeprägtes Kinn, geschwungene Augenbrauen, eine hohe Stirn usw.

» Verfasse deine Beschreibung durchgehend im **Präsens**.

4. Rechtschreibung und Zeichensetzung:

» Achte beim abschließenden Durchlesen vor allem auf folgende **Fehlerquellen**:

▸ Beachte die Wortarten: Auch wenn der erste Teil eines zusammengesetzten Adjektivs ein Nomen ist, schreibt man es klein (z.B. kastanienbraun, sommersprossig).

▸ Setze vor und nach Nebensätzen ein Komma, vor allem bei Relativsätzen (z.B.: „Die Nase, die leicht gebogen ist, …").

© Verlag an der Ruhr | Postfach 10 22 51 | 45422 Mülheim an der Ruhr | www.verlagruhr.de | ISBN 978-3-8346-0328-9

Die Personenbeschreibung

Name: _____

Aufbau	
1. Die Einleitung stellt die Person und die Situation kurz vor.	
2. Im Hauptteil werden äußere Merkmale, Charaktereigenschaften und das Verhalten der Person geschickt miteinander verknüpft.	
3. Du beschreibst einzelne Bereiche des Aussehens zusammenhängend.	
4. Der Schluss rundet deinen Aufsatz sinnvoll ab.	
Teilnote	
Inhalt	
5. Du beschreibst das Aussehen der Person auf vielfältige Weise.	
6. Du gehst auf charakterliche Eigenschaften der Person ein.	
7. Dein Aufsatz macht deutlich, wie die Person auf dich wirkt.	
8. Der Leser erkennt die Situation, in der du die Person beschreibst, ohne dass die äußere Handlung in den Vordergrund rückt.	
9. Dein Aufsatz enthält die unverzichtbaren Informationen zur Person.	
10. Es gelingt dir, das Typische herauszuarbeiten, das diese Person von anderen unterscheidet.	
Teilnote	

Sprache		
a) Ausdruck	**11.** Du verknüpfst mit sprachlichen Mitteln die verschiedenen Bereiche der Personenbeschreibung miteinander.	
	12. Du schreibst abwechslungsreich.	
	13. Deine Wortwahl ist treffend.	
	14. Du verwendest einheitlich das Präsens.	
b) Sprachrichtigkeit	**15.** Rechtschreibung	
	16. Zeichensetzung	
Teilnote		

Form	
Zusätzliche Bemerkung:	
Gesamtnote	

© Verlag an der Ruhr | Postfach 10 22 51 | 45422 Mülheim an der Ruhr | www.verlagruhr.de | ISBN 978-3-8346-0328-9

Der Leserbrief

1. Anforderungen in verschiedenen Jahrgangsstufen:

Der Verfasser eines Leserbriefes nimmt in seinem Text **persönlich Stellung zu einem Thema**, das kürzlich Gegenstand eines Zeitungsartikels war. Als Aufsatzart vereint diese Textart vor allem zwei Bereiche des Deutschunterrichts: das argumentierende Schreiben und die Beschäftigung mit journalistischen Textsorten. Weil der Unterschied zwischen informierenden und meinungsbildenden Texten den Schülern vor der Auseinandersetzung mit dieser Aufsatzart bekannt sein sollte, empfiehlt sich der Leserbrief ab der achten Jahrgangsstufe. Wenn ein Thema den Schülern allerdings unter den Nägeln brennt, z.B. weil in einem Presseartikel falsche Aussagen über die eigene Schule getroffen wurden, ist der Leserbrief auch in unteren Klassen eine geeignete Schreibform. Was den Inhalt betrifft, kann der Leserbrief sicher **Ähnlichkeiten mit der Argumentation einer Erörterung aufweisen**. Er muss jedoch nicht so sachlich formuliert und formal streng aufgebaut sein. In bestimmten Situationen kann ein salopp und unterhaltsam formulierter Leserbrief die Aufmerksamkeit des Zeitungslesers weitaus besser auf sich ziehen. Der schlüssige Gedankengang und die inhaltliche Richtigkeit dürfen freilich nicht darunter leiden.

2. Mögliche Aufgabenstellungen:

Als Schreibanlass für einen Leserbrief erhält der Schüler in der Regel einen Artikel aus einer Zeitung oder (Jugend-)Zeitschrift – zusammen mit einem Arbeitsauftrag, der folgendermaßen lauten könnte: Verfasse einen Leserbrief, in welchem du zu diesem Artikel Stellung nimmst.
Diese Aufsatzart verlangt vom Schüler also einen Text, **der argumentierend und appellierend zugleich ist**. Im Unterschied zu anderen argumentierenden Textsorten (begründete Stellungnahme oder Erörterung) spielt hier jedoch **ein Ausgangstext eine wichtige Rolle**. Der Schüler entnimmt diesem Informationen, darf die Argumente, die darin eventuell bereits vorkommen, aber nicht einfach abschreiben. Ob er Aussagen widerspricht oder diese bekräftigt – in jedem Fall muss er den Bezug deutlich machen („Ich kann daher der Ministerin für Verbraucherschutz nur zustimmen, wenn sie sagt, dass …"). Grundsätzlich eignen sich als Ausgangstexte sowohl **objektive Textsorten** (Nachrichten oder Berichte) als auch **meinungsbildende Presseartikel** (Kommentare oder auch andere Leserbriefe). In jedem Fall sollte es sich um Themen handeln, die den Schüler dazu motivieren, tatsächlich einen Leserbrief zu schreiben (z.B. zum Thema „Handyverbot an Schulen").

3. Fähigkeiten, die die Schüler beherrschen sollten:

Um einen Leserbrief verfassen zu können, müssen Schüler …

▸ den Aufbau eines Leserbriefs und die formalen Vorgaben kennen,

▸ über Lesekompetenz verfügen,

▸ **argumentative und appellative Schreibtechniken kennen** und

▸ eigene Gedanken kompakt und leserfreundlich darstellen können.

Der Leserbrief

So gelingt dir ...

1. die Vorarbeit:

- ▶▶ Lies dir den Ausgangsartikel genau durch, und **unterstreiche wichtige Informationen**.

2. der Aufbau:

- ▶▶ Halte die Regeln zum Aufbau des Leserbriefes ein: 1. Überschrift; 2. Angabe des Bezugsartikels mit Datum; 3. eigentlicher Text (mit Absätzen); 4. Angabe des vollständigen Namens (evtl. mit Adresse) und Unterschrift.
- ▶▶ Springe nicht zwischen einzelnen Argumenten hin und her, sondern bringe sie in eine **sinnvolle Reihenfolge**.

3. der Inhalt:

- ▶▶ Die Überschrift soll die Aufmerksamkeit des Lesers auf deinen Leserbrief lenken und zum Weiterlesen einladen. Wandle dafür z.B. Werbeslogans ab („Spickst du noch oder lernst du schon?"), oder verwende Alliterationen.
- ▶▶ Dein Text muss deutlich zeigen, **dass du den Bezugsartikel genau gelesen hast**. Wird darin eine Meinung vertreten, solltest du dich mit ihr auseinandersetzen, sie untermauern oder ihr widersprechen. Gib nicht Meinungen oder Aussagen aus dem Ausgangsartikel als deine eigenen aus.
- ▶▶ Dein Leserbrief muss **neue Gedanken enthalten**, er darf nicht nur den Ausgangstext umschreiben.
- ▶▶ Zeige in deinem Text, dass du über Kenntnisse zum Thema verfügst, und mache deine Meinung deutlich.

4. der sprachliche Ausdruck:

- ▶▶ Schreibe klar und verständlich, damit der Leser sofort weiß, worum es dir geht.
- ▶▶ Verwende **appellative Wendungen**, d.h. sprachliche Mittel, die den Leser direkt oder indirekt ansprechen, wie z.B. Aufrufe („Jetzt muss gehandelt werden!") oder rhetorische Fragen („Wer will den Lärm noch länger aushalten?").
- ▶▶ Schreibe abwechslungsreich.

5. Rechtschreibung und Zeichensetzung:

- ▶▶ Achte beim abschließenden Durchlesen vor allem auf folgende **Fehlerquellen**:
  - ▸ Unterscheide zwischen der Konjunktion „dass" und dem Artikel „das".
  - ▸ Anredepronomen („Sie", „Ihnen", „Ihr", „Ihres") werden großgeschrieben.
  - ▸ Setze auch zwischen Teilsätzen ein Komma („Ich finde, die ganze Aufregung ist übertrieben.").

© Verlag an der Ruhr | Postfach 10 22 51 | 45422 Mülheim an der Ruhr | www.verlagruhr.de | ISBN 978-3-8346-0328-9

Der Leserbrief

Name: _____

Aufbau	
1. Dein Leserbrief ist formal richtig aufgebaut und enthält alle notwendigen Elemente.	
2. Die Reihenfolge der einzelnen Argumente und Gedanken ist sinnvoll.	
Teilnote	
Inhalt	
3. Die Überschrift regt zum Weiterlesen an.	
4. Es wird deutlich, dass du den Ausgangsartikel genau gelesen und verstanden hast.	
5. Der Leserbrief enthält Neues und wiederholt nicht nur die Aussagen des Ausgangsartikels.	
6. Du bringst deine Meinung klar zum Ausdruck und untermauerst sie mit Beispielen und Erklärungen.	
7. Dein Leserbrief zeigt, dass du gute Kenntnisse über das Thema besitzt.	
Teilnote	

Sprache		
a) **Ausdruck**	8. Die Sprache deines Leserbriefes ist klar und verständlich.	
	9. Du sprichst den Leser direkt an.	
	10. Du schreibst abwechslungsreich.	
b) **Sprachrichtigkeit**	11. Rechtschreibung	
	12. Zeichensetzung	
Teilnote		
Form		
Zusätzliche Bemerkung:		
Gesamtnote		

© Verlag an der Ruhr | Postfach 10 22 51 | 45422 Mülheim an der Ruhr | www.verlagruhr.de | ISBN 978-3-8346-0328-9

Das Protokoll

1. Anforderungen in verschiedenen Jahrgangsstufen:

Ein Protokoll berichtet über **den Verlauf oder die Ergebnisse eines Ereignisses**, z.B. einer Diskussion, einer Besprechung, eines naturwissenschaftlichen Experiments oder einer Unterrichtsstunde. Grundsätzlich unterscheidet man zwei Protokollformen: **Das Ergebnisprotokoll**, das im Präsens steht, fasst nur die Ergebnisse des Ereignisses zusammen. **Das Verlaufsprotokoll** informiert über den genauen Ablauf des Geschehens und kann auch im Präteritum stehen. Beide Protokollarten haben eine strenge äußere Form gemeinsam:

- Kopf (Titel der Veranstaltung, Datum, Uhrzeit, Ort, Leitung, Protokollführer, anwesende Personen)
- Tagesordnung und Ausführung der Tagesordungspunkte (TOPs)
- Unterschrift des Schriftführers (evtl. auch des Sitzungsleiters)

Als bewerteter Aufsatz scheidet ein echtes Verlaufsprotokoll meist aus, weil es den Umfang einer Klassenarbeit sprengen würde. In realen Protokollsituationen werden meist Ergebnisprotokolle verfasst, die jedoch auch knappe Informationen zum Verlauf enthalten. Die meisten Lehrpläne sehen diese Aufsatzart ab der siebten oder achten Jahrgangsstufe vor. Eine Vorübung stellt in gewissem Sinne der Bericht dar, weil hier ebenfalls die sachliche, informative Sprache im Vordergrund steht. Bei den Übungen zum Protokoll zeigt sich häufig, dass das schnelle Mitschreiben vor allem jüngeren Schülern schwerfällt. Schwierigkeiten bereitet es Schülern der siebten und achten Klasse meist auch, **die vielen Informationen inhaltlich zu bündeln** und dabei **Wichtiges von Unwichtigem zu unterscheiden**.

2. Mögliche Aufgabenstellungen:

Als zu protokollierendes Ereignis bietet sich im Unterrichtsalltag eine Unterrichtsstunde in einem anderen Fach oder eine Diskussion in der Klasse an. So lässt sich sicherstellen, dass **alle Schüler über die gleiche Informationsgrundlage verfügen**. Zu Übungszwecken können Schüler auch

ein Protokoll zu einer Sitzung der Schülervertretung erstellen. Ihre Mitschüler geben ihnen dann Rückmeldung darüber, ob das Protokoll ausführlich genug über die wesentlichen Ergebnisse der Sitzung informiert.

3. Fähigkeiten, die die Schüler beherrschen sollten:

Um ein Protokoll verfassen zu können, müssen Schüler …

- die Technik des Mitschreibens beherrschen,
- Wichtiges von Unwichtigem unterscheiden,
- Informationen bündeln und sachlich schreiben,

- sich an **eine vorgegebene äußere Form halten** und
- Beiträge einzelner Teilnehmer in indirekter Rede wiedergeben können.

Das Protokoll

So gelingt dir ...

1. das Mitschreiben:

- ▸▸ Nutze den Rand des Blattes, um Informationen nachträglich einzufügen.
- ▸▸ Halte zu Beginn alle Informationen fest, die du **für den Kopf des Protokolls** benötigst.
- ▸▸ Schreibe nicht in ganzen Sätzen, sondern **in Stichwörtern**. Verwende Abkürzungen.
- ▸▸ Schreibe wichtige Aussagen wörtlich auf.
- ▸▸ Halte Abstimmungsergebnisse exakt fest.
- ▸▸ Verdeutliche Bezüge und Zusammenhänge grafisch (durch Pfeile, Linien, Farben usw.).

2. der Aufbau:

- ▸▸ Achte auf den richtigen Aufbau des Protokolls. Enthält z.B. der Kopf des Protokolls alle notwendigen Informationen?
- ▸▸ Stelle die Tagesordnungspunkte **in der richtigen Reihenfolge** dar.

3. der Inhalt:

- ▸▸ Überprüfe, ob die Informationen im Protokollkopf richtig sind.
- ▸▸ Achte darauf, dass **die Tagesordnung vollständig** ist.
- ▸▸ Führe jeden Tagesordnungspunkt so aus, dass der Leser über **die wesentlichen Ergebnisse der Veranstaltung** Bescheid weiß.
- ▸▸ Fasse die Ergebnisse so zusammen, dass sich inhaltliche Aussagen nicht wiederholen.

4. der sprachliche Ausdruck:

- ▸▸ Schreibe sachlich. Du kannst wichtige Aussagen von z.B. Sitzungsmitgliedern wiedergeben („Stefan Bruckner empfiehlt ein Gespräch mit dem Schulleiter wegen des geplanten Termins."), verzichte aber auf persönliche Wertungen („Der Vorschlag von Sandra Klein wird glücklicherweise mit 23 zu 4 Stimmen abgelehnt.").
- ▸▸ Schreibe einheitlich im Präsens; bei einem Verlaufsprotokoll ist auch das Präteritum möglich.
- ▸▸ Gib **Aussagen zusammengefasst** oder als indirekte Rede wieder.

5. Rechtschreibung und Zeichensetzung:

- ▸▸ Achte beim abschließenden Durchlesen vor allem auf folgende **Fehlerquellen**:
  - ▸ Unterscheide die Konjunktion „dass" von dem Artikel „das".
  - ▸ Setze vor und nach Nebensätzen ein Komma, vor allem bei eingeschobenen Relativsätzen (z.B.: „Der Beschluss, der im Anschluss an die Diskussion gefasst wurde, …").

© Verlag an der Ruhr | Postfach 10 22 51 | 45422 Mülheim an der Ruhr | www.verlagruhr.de | ISBN 978-3-8346-0328-9

Das Protokoll

Name: _____

Aufbau		
1. Der Kopf deines Protokolls enthält alle wichtigen Informationen.		
2. Die Tagesordnungspunkte stehen in der korrekten Reihenfolge.		
Teilnote		
Inhalt		
3. Die im Kopf des Protokolls genannten Informationen sind richtig.		
4. Die Tagesordnungspunkte sind vollständig ausgeführt.		
5. Dein Protokoll enthält nur wichtige Informationen und verzichtet auf Nebensächliches.		
6. Du hast ähnliche oder sich wiederholende Aussagen konzentriert zusammengefasst.		
Teilnote		
Sprache		
a) Ausdruck	**7.** Dein Sprachstil ist sachlich und objektiv.	
	8. Du bündelst Einzelergebnisse mit Hilfe von Oberbegriffen.	
	9. Dein Wortschatz und Satzbau sind abwechslungsreich.	
	10. Wichtige Aussagen gibst du in der indirekten Rede wieder.	
	11. Du verwendest die richtige Zeitstufe (Präsens, evtl. auch Präteritum) einheitlich.	
b) Sprachrichtigkeit	**12.** Rechtschreibung	
	13. Zeichensetzung	
Teilnote		
Form		
Zusätzliche Bemerkung:		
Gesamtnote		

© Verlag an der Ruhr | Postfach 10 22 51 | 45422 Mülheim an der Ruhr | www.verlagruhr.de | ISBN 978-3-8346-0328-9

Der sachliche Brief

1. Anforderungen in verschiedenen Jahrgangsstufen:

Ein sachlicher Brief ist immer dann angebracht, wenn der Verfasser **keinen vertrauten Umgang mit dem Adressaten** hat oder ihn nicht persönlich kennt. Der Verfasser wendet sich meist mit einem bestimmten Anliegen an den Empfänger und verbindet damit die Bitte um eine Entscheidung oder Rückantwort. Wichtig ist dabei **eine schlüssige Argumentation in sachlicher Sprache**. Der sachliche Brief ist eine im Alltag verbreitete Schreibform – wenn auch nicht unbedingt für jüngere Schüler. Dennoch bietet sich diese Textsorte schon ab der sechsten Jahrgangsstufe an und kann bis zur zehnten Klasse mit steigendem Anspruchsniveau verfasst werden. Der sachliche Brief folgt einem festen Schema, damit er leicht lesbar ist und alle wichtigen Informationen für eine Rückantwort enthält. Meist geht ihm im Rahmen des Aufsatzunterrichtes der persönliche Brief voraus, wodurch die Schüler die unverzichtbaren Bestandteile des Briefes (Anrede, Ort, Zeit etc.) bereits kennen. Der sachliche Brief baut darauf auf, unterscheidet sich vom persönlichen Schreiben jedoch **durch die Anrede- und Grußformel sowie die sprachliche und inhaltliche Gestaltung**. Für jüngere Schüler, deren Schreibstil von den erzählenden Textsorten geprägt ist, ist diese Aufsatzart daher eine besondere Herausforderung.

2. Mögliche Aufgabenstellungen:

Sinnvoll ist es, Anliegen aufzugreifen, **die viele Schüler tatsächlich beschäftigen**. Herrscht z.B. in der Schule Unmut darüber, dass für den Sportunterricht eine weit entfernte Turnhalle aufgesucht werden muss, können die Schüler einen sachlichen Brief an den Schulleiter schreiben, in dem sie den Wunsch äußern, den Sportunterricht an einem näheren Ort stattfinden zu lassen. Realsituationen sind vor allem deshalb wichtig, weil hier den Schülern deutlich wird, wie schwierig es ist, die richtige Balance zwischen Wunschäußerung und Höflichkeit zu halten. Sie müssen lernen, ihrem Anliegen Nachdruck zu verleihen, ohne den Empfänger unter Druck zu setzen. Auch im Rahmen des Literaturunterrichts kann z.B. ein sachlicher Brief an den Autor der Klassenlektüre verfasst werden. In der neunten Klasse können die Schüler z.B. im Rahmen der Berufsvorbereitung mit sachlichen Briefen Informationen von Unternehmen oder Institutionen über Ausbildungsmöglichkeiten einholen.

3. Fähigkeiten, die die Schüler beherrschen sollten:

Um einen sachlichen Brief verfassen zu können, müssen Schüler …

▸ sich auf den Adressaten einstellen,
▸ **die formalen Vorgaben** für einen sachlichen Brief kennen,

▸ **einen sachlichen Sprachstil** beherrschen,
▸ ein Anliegen argumentierend vortragen und
▸ die Balance zwischen Höflichkeit und Wunschäußerung halten können.

Der sachliche Brief

So gelingt dir ...

1. der Aufbau:

» Beachte **die äußeren Merkmale eines sachlichen Briefes** (z.B. deine Anschrift, Datum, Betreffzeile etc.).

» Gliedere den Hauptteil in Absätze.

» Schließe den Brief mit **einer geeigneten Grußformel** ab, und unterschreibe ihn.

» Schreibe deinen Namen zusätzlich in Druckbuchstaben unter die Unterschrift.

» Springe nicht zwischen den einzelnen Themen hin und her, sondern halte eine sinnvolle Reihenfolge ein.

2. der Inhalt:

» Achte genau auf die Aufgabenstellung und darauf, was sie **über Zweck und Inhalt deines Briefes aussagt**.

» Stelle bereits in den ersten Sätzen deutlich heraus, worum es dir in diesem Brief geht.

» Verleihe deinen Interessen Nachdruck, indem du sie z.B. mit Fakten untermauerst („Achtzig Prozent der Schüler verbringen pro Tag 7 Stunden im Sitzen." „Ein Fitnessraum ist auch deshalb sinnvoll, weil viele Schüler übergewichtig sind.") oder mit Beispielen belegst.

» Du musst dein Anliegen deutlich darstellen, **ohne jedoch den Empfänger unter Druck zu setzen oder Forderungen zu stellen** (nicht: „Wenn Sie uns den Fitnessraum nicht genehmigen, werden wir einen Brief an die Zeitung schreiben.").

» Falls du vom Empfänger Lösungen oder Entscheidungen erbittest, ist es sinnvoll, ihm zu zeigen, dass du dir bereits selbst Lösungen überlegt hast („Wir haben bereits selbst Ideen gesammelt, wie ein Fitnessraum finanziert werden könnte, z.B. würden wir ...").

» Bleibe immer höflich und sachlich.

3. der sprachliche Ausdruck:

» Achte auf **einen sachlichen und höflichen Stil**. Dazu gehört nicht nur die Höflichkeitsanrede mit „Sie" und „Ihnen", sondern auch entsprechende Wendungen, wie: „Deshalb möchten wir Sie bitten, ..." statt: „Deshalb fordern wir von Ihnen, ...".

» Wähle **eine Anredeformel, die zum Empfänger des Briefes passt**. Wenn du den eigentlichen Empfänger nicht kennst, schreibe: „Sehr geehrte Damen und Herren".

» Schreibe vorwiegend im Präsens, wenn du dein Anliegen darstellst. Verwende das Präteritum, wenn du berichtest.

4. Rechtschreibung und Zeichensetzung:

» Achte beim abschließenden Durchlesen vor allem auf folgende **Fehlerquellen**:

› Anredepronomen (Sie, Ihnen, Ihr, Ihres ...) müssen großgeschrieben werden.

› Unterscheide zwischen der Konjunktion „dass" und dem Artikel „das".

› Setze nach der Anrede ein Komma, und beginne anschließend den ersten Satz in einer neuen Zeile mit einem Kleinbuchstaben.

© Verlag an der Ruhr | Postfach 10 22 51 | 45422 Mülheim an der Ruhr | www.verlagruhr.de | ISBN 978-3-8346-0328-9

Der sachliche Brief

Name: _____

Aufbau	
1. Der Aufbau lässt sofort erkennen, dass es sich um einen Brief handelt.	
2. Dein Brief enthält alle formalen Bestandteile an der richtigen Stelle.	
3. Die Themen des Briefes sind einer sinnvollen Reihenfolge angeordnet.	
Teilnote	
Inhalt	
4. Dein Brief erfüllt die Aufgabenstellung.	
5. Du nennst die Gründe für deinen Brief.	
6. Der Adressat wird von dir in ausreichendem Maß über den Sachverhalt informiert.	
7. Du hast deine Interessen gut zum Ausdruck gebracht (ohne dabei unangemessene Forderungen zu stellen).	
8. Dein Brief geht auf den Adressaten des Textes mehrfach ein und wahrt trotzdem einen persönlichen Abstand.	
Teilnote	
Sprache	

Sprache		
a) Ausdruck	**9.** Du drückst dich höflich aus.	
	10. Deine Sprache ist sachlich.	
	11. Anrede und Grußformel hast du passend ausgewählt.	
	12. Du formulierst abwechslungsreich.	
	13. Die verwendete(n) Zeitstufe(n) ist/sind passend.	
b) Sprachrichtigkeit	**14.** Rechtschreibung	
	15. Zeichensetzung	
Teilnote		
Form		
Zusätzliche Bemerkung:		
Gesamtnote		

© Verlag an der Ruhr | Postfach 10 22 51 | 45422 Mülheim an der Ruhr | www.verlagruhr.de | ISBN 978-3-8346-0328-9

Die begründete Stellungnahme

1. Anforderungen in verschiedenen Jahrgangsstufen:

Die begründete Stellungnahme weist viele **Ähnlichkeiten mit der Erörterung** auf, denn auch hier steht eine Sachfrage zu einem Problem im Mittelpunkt. Im Vergleich zur Erörterung ist diese Aufsatzart jedoch wesentlich kürzer. Dies hat zwei Ursachen: Zum einen wird kein eigener Einleitungs- und Schlussteil gefordert. Zum anderen muss der Schüler in seinem Text das Problem nicht von mehreren Perspektiven aus beleuchten, sondern in erster Linie nur seine Position deutlich machen und begründen. Als Übung für das Erörtern ist es sinnvoll, mit den begründeten Stellungnahmen ab der siebten bzw. achten Jahrgangsstufe zu beginnen. Doch auch jüngere Schüler können sich über eine einfache Streitfrage (Wohin gehen wir am Wandertag?) dem Verfassen von schriftlichen Stellungnahmen annähern. Fehlende Sachkenntnisse der Schüler können durch **die Bereitstellung von Informationsmaterialien ausgeglichen werden** (kurze Zeitungsartikel, einfache Infografiken zum Thema usw.).

2. Mögliche Aufgabenstellungen:

Entscheidungsfragen sind als Schreibanlass für begründete Stellungnahmen gut geeignet, z.B. jene, die beim Bundeswettbewerb „Jugend debattiert" kontrovers diskutiert werden, wie z.B.:

» Sollen Supermärkte und Kaufhäuser auch an Sonntagen öffnen dürfen?

» Soll an unserer Schule eine einheitliche Schulkleidung eingeführt werden?

» Soll das Wahlrecht durch eine Wahlpflicht ersetzt werden? (Weitere Themen s. www. jugend-debattiert.ghst.de/index.php?id=88)

Aber auch weniger strittige Themen bieten sich für eine Stellungnahme an, z.B.: Wie hat dir das Buch gefallen, das wir als Klassenlektüre gelesen haben? Authentischer wird diese Aufsatzart, wenn die Schüler auf Themen eingehen, die gerade in der Schule diskutiert werden:

» Soll für den SMV-Raum ein Kaffeeautomat angeschafft werden?

» Beziehe Stellung zu den Plänen der Stadt XY, das Freibad zu schließen.

Für alle Jahrgangsstufen gilt: Die Themenstellung sollte **der Altersstufe bzw. den Erfahrungen der Schüler gerecht werden**. Bei einer intensiven Beschäftigung mit journalistischen Texten (meist ab der neunten Jahrgangsstufe) kann die begründete Stellungnahme auch **zu einem Zeitungsartikel in Form eines Leserbriefes** verfasst werden.

3. Fähigkeiten, die die Schüler beherrschen sollten:

Um zu einem Thema begründet Stellung beziehen zu können, müssen Schüler …

» ein Thema genau erfassen,

» **Problembewusstsein besitzen** und **Kenntnisse zur Sache einbringen**,

» über ein Thema sachlich, anschaulich und überzeugend schreiben,

» eigene Behauptungen argumentativ begründen,

» Begründungen inhaltlich sinnvoll ordnen und

» einen Gedankengang schriftlich entfalten können, ohne die eigene Meinung nur wiederholt zu paraphrasieren.

Die begründete Stellungnahme

So gelingt dir ...

1. der Aufbau:

▸▸ Wenn du eine Meinung zu einem Thema abgeben sollst, musst du diese **mit Argumenten begründen**. Im Alltag geht man dabei meist so vor:

Meinung

„Ich bin für eine Helmpflicht, weil …"

Argument

„… der Fahrradhelm vor vielen Kopfverletzungen schützt."

Überzeugender wird eine Stellungnahme, wenn du andersherum vorgehst:

Argument

„(…) Der Fahrradhalm schützt also vor vielen Kopfverletzungen."

Meinung

„Deshalb bin ich für eine Helmpflicht."

▸▸ Ein Argument muss **eine strukturierte Argumentation** enthalten. In einer Argumentation stellst du zunächst deine Behauptung (genannt: These) ausführlich dar, z.B.: „Ein Fahrradhelm schützt vor vielen Kopfverletzungen." **Mit Erklärungen und Beispielen** verstärkst du anschließend deine Behauptung, z.B. indem du erläuterst, dass ein Fahrradhelm durch seine Polsterung und harte Außenschale die Wucht eines Aufpralls abfängt usw.

2. der Inhalt (je nach Aufgabenstellung):

▸▸ Lies dir das Thema genau durch. **Unterstreiche die Schlüsselbegriffe**, und beachte dabei mögliche Einschränkungen.

▸▸ Wer mehr als ein Argument hat, kann seine Stellungnahme besser untermauern.

▸▸ Dennoch sind **wenige, gründliche Argumentationen besser**, als viele, nur oberflächlich abgehandelte. Die Faustregel lautet: **Drei Argumente** sind sinnvoll und ausreichend.

▸▸ Verdeutliche deine Behauptungen **mit konkreten Beispielen und ausführlichen Erläuterungen**.

▸▸ Achte darauf, dass deine Argumentation **keine gedanklichen Sprünge** enthält.

▸▸ Der erste Satz deiner Stellungnahme sollte deine Position noch nicht verraten.

▸▸ Im letzten Satz machst du zum Abschluss deine Meinung noch einmal deutlich.

3. der sprachliche Ausdruck:

▸▸ **Vermeide Verallgemeinerungen** (statt: „Jugendliche wissen am Sonntag nicht, was sie tun sollen." besser: „Manche/einige/viele Jugendliche wissen nicht, was sie am Sonntag tun sollen.").

▸▸ Stelle auch komplizierte Zusammenhänge **mit einfachen Sätzen** dar. Zu viele Nebensätze machen es dem Leser schwer, deinen Standpunkt sofort nachzuvollziehen.

▸▸ Schreibe anschaulich, und ersetze zu abstrakte Sammelbegriffe durch konkrete Beispiele (statt: „junge Menschen" besser: „Jugendliche zwischen 14 und 16 Jahren").

4. Rechtschreibung und Zeichensetzung:

▸▸ Achte beim abschließenden Durchlesen vor allem auf folgende **Fehlerquellen**:

  ▸ Verwechsle nicht die Konjunktion „dass" mit dem Artikel „das".

  ▸ Verben und Adjektive können zu Nomen werden (z.B. das Tragen eines Helms).

© Verlag an der Ruhr | Postfach 10 22 51 | 45422 Mülheim an der Ruhr | www.verlagruhr.de | ISBN 978-3-8346-0328-9

Die begründete Stellungnahme

Name: _____

Aufbau	
1. Deiner Stellungnahme geht eine Argumentation voraus.	
2. Die Argumente hast du inhaltlich sinnvoll angeordnet.	
3. Die Stellungnahme wird im Aufsatz deutlich.	
4. Die Argumentation enthält Erklärungen und Beispiele.	
Teilnote	
Inhalt	
5. Du hast die Schlüsselbegriffe des Themas erfasst und die Einschränkungen berücksichtigt.	
6. Du konntest deine Stellungnahme mit mehreren Argumenten begründen.	
7. Du hast mit konkreten Beispielen und Erklärungen argumentiert.	
8. Deine Argumente sind nachvollziehbar und enthalten keine gedanklichen Sprünge.	
9. Dein Aufsatz zeigt, dass du Kenntnisse zum Thema besitzt bzw. dass du die angebotenen Zusatzmaterialien sinnvoll verwenden konntest.	
Teilnote	

Sprache		
a) Ausdruck	10. Es überwiegt ein angemessener, sachlicher Sprachstil.	
	11. Du wechselst beim Wortschatz und im Satzbau ab.	
	12. Du schreibst anschaulich.	
b) Sprachrichtigkeit	13. Rechtschreibung	
	14. Zeichensetzung	
Teilnote		

Form	
Zusätzliche Bemerkung:	
Gesamtnote	

© Verlag an der Ruhr | Postfach 10 22 51 | 45422 Mülheim an der Ruhr | www.verlagruhr.de | ISBN 978-3-8346-0328-9

Die (Problem-)Erörterung

1. Anforderungen in verschiedenen Jahrgangsstufen:

Im Mittelpunkt der (Problem-)Erörterung steht **eine Frage zu einem Problem bzw. zu einem kritischen Sachverhalt**. In seinem Aufsatz soll der Schüler das Problem auf sachlicher Ebene analysieren und darstellen. Grundsätzlich sollte sich die Aufgabenstellung an Themen orientieren, **die der Erfahrungswelt der Schüler entstammen**. Es ist durchaus sinnvoll, wenn diese auch die Inhalte anderer Fächer berühren. Versucht man, bestimmte Themen unter diesen Gesichtspunkten einzukreisen, so bieten sich folgende Bereiche besonders an: Jugendkultur, moderne Medien, Freizeit, Beruf bzw. berufliche Ausbildung, Schule, Kultur, Umwelt, Technik, Sport, Gesundheit sowie soziale und gesellschaftliche Probleme. (Problem-)Erörterungen können folgende Fragestellungen zu Grunde liegen: „Welche Ursachen hat übermäßiger Alkoholkonsum bei manchen Jugendlichen?" Auch eine mehrteilige Fragestellung ist möglich, z.B.: „Welche Ursachen hat übermäßiger Alkoholkonsum bei manchen Jugendlichen? Zeige auch Gegenmaßnahmen auf." Daneben gibt es Themenstellungen, bei denen das Für und Wider eines Sachverhalts erörtert werden soll, z.B.: „Manche Schulen planen die Einführung einer einheitlichen Schulkleidung. Welche Argumente sprechen dafür, welche Bedenken gibt es?" Manchmal sind kontroverse Themen auch so gestellt, dass der Schüler nicht nur die Pro- und Kontra-Seite erörtern, sondern **zusätzlich seine begründete Meinung abgeben soll**, z.B.: „Was hältst du von der Einführung einer einheitlichen Schulkleidung?"

2. Mögliche Aufgabenstellungen:

(Problem-)Erörterungen werden meist erst **ab der neunten Jahrgangsstufe** verfasst. Allerdings sollten argumentative Schreibformen durchaus bereits in den niedrigeren Jahrgangsstufen eingeübt werden. Dafür bietet sich an, in einen persönlichen Brief **die Formulierung eines Anliegens** zu integrieren oder bei der Auseinandersetzung mit journalistischen Texten **einen Leserbrief** zu verfassen.

Im Gegensatz zu den Stellungnahmen in niedrigeren Jahrgangsstufen sollen sich Schüler im Rahmen des Erörterungsaufsatzes aber zunehmend auch in die Argumentation jener hineindenken, deren Meinung sie nicht teilen. Auch geht es in wachsendem Maß darum, die Meinung nicht nur auf Grund eines spontanen Gefühls zu äußern, sondern sie sachlich und kenntnisreich zu untermauern.

3. Fähigkeiten, die die Schüler beherrschen sollten:

Um eine Erörterung verfassen zu können, müssen Schüler …

▸▸ **Problembewusstsein besitzen** und Kenntnisse zur Sachfrage einbringen können

▸▸ die Sachfrage durchdringen und sich in fremde Sichtweisen hineinversetzen

▸▸ über ein Thema **sachlich und gleichzeitig anschaulich** schreiben

▸▸ eigene Behauptungen ausführlich und argumentativ begründen

▸▸ mehrere Aspekte eines Themas sinnvoll inhaltlich ordnen

▸▸ einen Gedankengang schriftlich entfalten können, ohne dass sich die Argumentation dabei nur im Kreis dreht.

Die (Problem-)Erörterung

So gelingt dir ...

1. der Aufbau:

- Beginne deinen Aufsatz mit einer **Einleitung**, die interessant zur Themenfrage hinführt, *ohne* sie bereits zu beantworten.
- Ordne die einzelnen Argumente so, dass sie in einer **sinnvollen Reihenfolge** stehen (z.B. nach der Wichtigkeit oder danach, was inhaltlich zusammengehört).
- Bemühe dich um **sinnvolle Überleitungen** zwischen den einzelnen Argumenten.
- Runde deinen Aufsatz mit einem Schluss ab, der nicht nur die Gedanken des Hauptteils wiederholt.

2. der Inhalt:

- Lies dir die Themenfrage genau durch. Unterstreiche die **Schlüsselbegriffe**, und achte auf mögliche Einschränkungen (z.B.: *„Warum konsumieren Jugendliche Designerdrogen?"* → Es geht nicht um Erwachsene, es geht nicht um Alkohol.).
- Achte darauf, die **unterschiedlichen Aspekte des Themas** und auch Sichtweisen zu berücksichtigen, die nicht deiner eigenen entsprechen.
- Verdeutliche deine Thesen (Behauptungen) mit **konkreten Beispielen** und nicht zu knappen Erklärungen.
- Achte darauf, dass deine Argumentation keine **gedanklichen Sprünge** oder **logische Fehler** enthält.
- Rede nicht um den „heißen Brei" herum, sondern bleibe immer beim **Kern des Themas**. Baue an passenden Stellen gezielt dein Wissen über das Thema ein. Überlege, was du darüber, z.B. in anderen Fächern, gelernt hast.

3. die Gliederung:

- Achte darauf, dass deine Gliederung die **korrekte Form** hat. „Wer A sagt, muss auch B sagen", das heißt, es müssen immer mindestens zwei Unterpunkte vorhanden sein, z.B. 1a) und 1b).
- Verwende in der Gliederung entweder **einheitlich den Nominalstil** oder **einheitlich den Verbalstil**.
- Achte darauf, dass die Reihenfolge der Argumente in der Gliederung mit der Reihenfolge der Argumente deines Aufsatzes übereinstimmt.

4. der sprachliche Ausdruck:

- Vermeide **umgangssprachliche Formulierungen**.
- Bemühe dich um einen **abwechslungsreichen Wortschatz** und **Satzbau**.
- Eine Problemerörterung erfordert intensives Nachdenken. Versuche trotzdem, die Zusammenhänge mit **einfachen Sätzen** auszudrücken. Wenn die Sätze zu verschachtelt sind, ist der Text für den Leser ermüdend.
- Versuche, **anschaulich** zu schreiben: Ersetze zu abstrakte Sammelbegriffe durch **konkrete Beispiele**.

5. Rechtschreibung und Zeichensetzung:

- Lies dir deine Erörterung auf jeden Fall noch einmal sorgfältig auf Rechtschreibung und Zeichensetzung hin durch. Achte dabei vor allem auf folgende **Fehlerquellen**:
  - Muss statt „das" nicht doch „dass" stehen?
  - Hast du daran gedacht, dass Verben und Adjektive zu Nomen werden können (z.B. „das Lesen" oder „etwas Gutes")?

© Verlag an der Ruhr | Postfach 10 22 51 | 45422 Mülheim an der Ruhr | www.verlagruhr.de | ISBN 978-3-8346-0328-9

Die (Problem-)Erörterung

Name: _____

Aufbau	
1. Die Einleitung führt interessant zur Themafrage hin.	
2. Die Argumente wurden sinnvoll angeordnet.	
3. Du hast gute Überleitungen zwischen den Argumenten gefunden.	
4. Der Schluss rundet den Aufsatz sinnvoll ab.	
Teilnote	
Inhalt	
5. Du hast die Schlüsselbegriffe des Themas erfasst.	
6. Du hast die vielfältigen Gesichtspunkte des Themas berücksichtigt.	
7. Deine Argumente spiegeln verschiedene Sichtweisen auf das Thema wider.	
8. Du hast mit konkreten Beispielen und Erklärungen argumentiert.	
9. Die Argumente sind nachvollziehbar und enthalten keine logischen Fehler.	
10. Dein Aufsatz zeigt, dass du Kenntnisse zum Thema besitzt.	
Teilnote	
Gliederung	
11. Die Gliederung ist formal richtig.	
12. Der Sprachstil ist einheitlich.	
13. Die Reihenfolge der Argumente im Aufsatz stimmt überein mit der Reihenfolge der Argumente in der Gliederung.	
Teilnote	

Sprache		
a) Ausdruck	14. Der Sprachstil deines Aufsatzes ist angemessen und einheitlich.	
	15. Du wechselst beim Wortschatz und im Satzbau ab.	
	16. Deine Sprache ist anschaulich.	
b) Sprachrichtigkeit	17. Rechtschreibung	
	18. Zeichensetzung	
Teilnote		
Form		
Zusätzliche Bemerkung:		
Gesamtnote		

© Verlag an der Ruhr | Postfach 10 22 51| 45422 Mülheim an der Ruhr | www.verlagruhr.de | ISBN 978-3-8346-0328-9

Die Inhaltsangabe

1. Anforderungen in verschiedenen Jahrgangsstufen:

Die Anforderungen der Inhaltsangabe reichen, je nach Jahrgangsstufe, **von der einfachen Zusammenfassung eines Textes bis zur erweiterten Inhaltsangabe**. Mit der Textzusammenfassung kann schon in der siebten Klasse begonnen werden. Sie gibt lediglich den Inhalt eines Textes in komprimierter Form wieder, ohne ihn durch Einleitungs- oder Schlussabsatz zu umrahmen. Die einfache Inhaltsangabe wird ab der achten Jahrgangsstufe verfasst. Zu ihr gehört zwingend der Basissatz, der die Kernaussage des Textes umfasst, sowie weitere Informationen (evtl. Verfasser des Textes, Erscheinungsdatum etc.). Die Aussage eines Textes in einem Satz zusammenzufassen, ist für die meisten Schüler eine große Herausforderung und sollte besonders geübt werden. Gleiches gilt für **die sachliche Sprache sowie die Unterscheidung von wichtigen und unwichtigen Information**. Bei der erweiterten Inhaltsangabe müssen zusätzlich Fragen zum Text, z.B. zu seiner sprachlichen Gestaltung, zum Verhältnis von Form und Inhalt oder zum Aufbau etc., beantwortet werden.

2. Mögliche Aufgabenstellungen:

Der Inhaltsangabe können **sowohl literarische Texte als auch Sachtexte oder journalistische Texte** zu Grunde liegen. Der Schwierigkeitsgrad des Aufsatzes hängt vom Niveau des Ursprungstextes ab, d.h. je schwieriger bzw. komplexer der Ausgangstext, desto anspruchsvoller ist auch die Inhaltsangabe. Bei schwierigen Texten müssen die Schüler z.B. die Chronologie der Handlung oder Kausalzusammenhänge selbst herstellen, um sie dem Leser deutlich zu machen. Als Aufgabenstellung denkbar ist auch eine kurze Zusammenfassung des Inhalts einer Ganzschrift (z.B. eines Jugendbuches), die im Unterricht behandelt wurde.

3. Fähigkeiten, die die Schüler beherrschen sollten:

Um einen Text zu einer Inhaltsangabe zusammenfassen zu können, müssen Schüler …

▸▸ Textinhalte **korrekt erfassen** und Texte **in Sinnabschnitte untergliedern**,

▸▸ zwischen (für den Handlungsverlauf) wichtigen und unwichtigen Informationen unterscheiden,

▸▸ die **indirekte Rede** beherrschen,

▸▸ knapp und prägnant **im Sachstil** formulieren können.

Die Inhaltsangabe

So gelingt dir ...

1. der Aufbau:

▸▸ Untergliedere deinen Aufsatz sichtbar **in Einleitung, Hauptteil und Schluss.**

▸▸ Die Einleitung muss Folgendes enthalten:
- ▸ Autor,
- ▸ Titel des Textes,
- ▸ Textsorte,
- ▸ Erscheinungsjahr und (besonders wichtig)
- ▸ die Kernaussage des Textes.

Trotz dieser Fülle von Informationen sollte die Einleitung höchsten zwei Sätze umfassen.

▸▸ Gib im Hauptteil die Handlungsschritte in der **zeitlich richtigen Reihenfolge** wieder. Dazu musst du dich evtl. vom Originaltext lösen und die darin wiedergegebene Handlungsfolge abändern.

2. der Inhalt:

▸▸ Kürze den Originaltext so, dass jemand, der ihn nicht gelesen hat, trotzdem versteht, worum es darin geht.

▸▸ Erspare dem Leser **überflüssige Informationen**. Stelle dir vor, dass der Leser nicht viel Zeit hat, um sich zu informieren, und deshalb nichts lesen möchte, was eigentlich gar nicht wichtig ist.

▸▸ Achte darauf, den Text inhaltlich korrekt wiederzugeben, und gib keine Vermutungen wieder.

3. der sprachliche Ausdruck:

▸▸ Schreibe **im Sachstil**, und verzichte auf Spannung, Ausschmückungen oder wörtliche Rede.

▸▸ **Formuliere eigenständig**, und schreibe nicht einfach ab. Du darfst nur Fach- bzw. Schlüsselbegriffe aus dem Originaltext übernehmen.

▸▸ Verwende einheitlich **das Präsens** (bei Vorzeitigkeit das Perfekt)!

▸▸ Verwende die indirekte Rede sparsam und korrekt. Äußerungen von Personen solltest du meist zusammenfassen. Nur sehr wichtige Aussagen kannst du indirekt wiedergeben.

4. Rechtschreibung und Zeichensetzung:

▸▸ Achte beim abschließenden Durchlesen vor allem auf folgende **Fehlerquellen**:
- ▸ Verwechsle nicht die Konjunktion „dass" mit dem Artikel „das".
- ▸ Wenn du indirekte Rede verwendest, achte auf die Kommasetzung: „Er rät ihm, sich nicht zu melden."
- ▸ Verben und Adjektive können zu Nomen werden („Das Wandern zur Höhle macht beide Jungen müde.").

© Verlag an der Ruhr | Postfach 10 22 51 | 45422 Mülheim an der Ruhr | www.verlagruhr.de | ISBN 978-3-8346-0328-9

Die Inhaltsangabe

Name: _____

Aufbau	
1. Deine Inhaltsangabe ist in Einleitung, Hauptteil und Schluss untergliedert.	
2. Die Einleitung nennt Autor, Titel des Textes, Textsorte, Erscheinungsjahr und die Kernaussage des Textes.	
3. Im Hauptteil werden die Handlungsschritte in der richtigen zeitlichen Reihenfolge wiedergegeben.	
4. Im Schluss äußerst du deine Meinung zum Text oder zu den Themen des Textes.	
Teilnote	

Inhalt	
5. Du hast den Originaltext sinnvoll gekürzt.	
6. Den Inhalt des Textes hast du richtig wiedergeben.	
7. Deine Aufsatz gibt nur die wichtigen Informationen des Originaltextes wieder.	
Teilnote	

Sprache		
a) Ausdruck	**8.** Du schreibst im Sachstil und verzichtest auf Spannung, Ausschmückungen und wörtliche Rede.	
	9. Du formulierst eigenständig.	
	10. Die Zeitstufe ist richtig und einheitlich (Präsens bzw. in Ausnahmefällen Perfekt).	
	11. Die indirekte Rede hast du richtig und sinnvoll verwendet.	
b) Sprachrichtigkeit	**12.** Rechtschreibung	
	13. Zeichensetzung	
Teilnote		

Form	
Zusätzliche Bemerkung:	
Gesamtnote	

© Verlag an der Ruhr | Postfach 10 22 51 | 45422 Mülheim an der Ruhr | www.verlagruhr.de | ISBN 978-3-8346-0328-9

Die Analyse eines Sachtextes

1. Anforderungen in verschiedenen Jahrgangsstufen:

Egal, ob es sich um eine Reportage oder einen Text über Graffitikünstler in einem Sachbuch handelt – die Abgrenzung zur poetischen Dichtung ist der kleinste gemeinsame Nenner, der all diese Texte verbindet. Im Gegensatz zur Analyse poetischer Texte, die in erster Linie eine Interpretation verlangt, klärt die Analyse eines Sachtextes vor allem **seinen Kommunikationszusammenhang**, d.h. die Absicht des Verfassers und die Wirkung des Textes auf den Leser.
In der Sekundarstufe I spielen bei dieser Form der Textanalyse häufig journalistische Texte eine wichtige Rolle (deshalb bilden sie auch den Schwerpunkt des Korrekturbogens). Sie wird deshalb als Aufsatzart meist erst **ab der neunten Jahrgangsstufe** eingesetzt.

Die Anforderungen der Aufsatzart hängen jedoch stark von der konkreten Fragestellung ab. Einfache Fragen zum Inhalt („Wozu fordert der Verfasser den Leser auf?") können auch jüngere Schüler schon beantworten, sofern der gewählte Text nicht zu schwierig ist. Um **Fragen zur Textsorte und den sprachlichen Merkmalen** beantworten zu können, müssen die Schüler über entsprechende Kenntnisse verfügen.
Das Gleiche gilt für die Beschreibung der äußeren Form des Textes. Hierbei spielen dann bei der Analyse auch Merkmale des Layouts eine Rolle (Blocksatz, Lead, Dachzeile etc.). Zur Textanalyse gehört auch, dass die Schüler bestimmte Textstellen herausfinden und richtig zitieren können.

2. Mögliche Aufgabenstellungen:

In der Sekundarstufe I wird von Schülern gewöhnlich nicht erwartet, dass sie einen Sachtext völlig eigenständig analysieren. In der Regel nennt der Lehrer in der Aufgabenstellung, welche Merkmale die Schüler genau untersuchen sollen.

Häufig umfasst dies **die Beschreibung des Textäußeren (Layout), Fragen zum inhaltlichen Aufbau, zur Textsorte, zur Sprache und v.a. zur Verfasserabsicht**.

3. Fähigkeiten, die die Schüler beherrschen sollten:

Um einen nicht poetischen Text untersuchen zu können, müssen Schüler …
➤ den Text vollkommen verstehen,
➤ Inhalte **strukturiert zusammenfassen**,
➤ Kenntnisse zum Layout, zur Textsorte, zur Sprachanalyse besitzen (je nach Aufgabenstellung),

➤ **Einzelergebnisse in Aufsatzform darstellen** und
➤ Textstellen richtig angeben können.

Merkblatt

Die Analyse eines Sachtextes

So gelingt dir ...

1. die Vorbereitung:

- Unterstreiche **die Schlüsselbegriffe der Aufgabenstellung farbig**.
- Lies dir den Text mehrmals genau durch, und **markiere dabei die wichtigsten Textstellen** für die Bearbeitung der Aufgaben mit den entsprechenden Farben.

2. der Aufbau:

- Gib dem Leser zu Beginn grundlegende Informationen, ohne bereits auf die Aufgabenstellung einzugehen. Nenne z.B. den Titel des Textes, den Autor und das Hauptthema, und leite damit zum Hauptteil über.
- Verknüpfe die **Beschreibung der Textmerkmale mit ihrer Wirkung**, z.B.: „Das Bild zeigt einen Mann, der ein Kalenderblatt zerknüllt, auf dem Montag steht." Damit wird bereits ein Hinweis auf das Thema des Textes (Abneigung gegen Montage) gegeben und die Neugier des Lesers geweckt.
- Runde mit einigen Schlusssätzen deine Textanalyse ab, z.B. indem du deine Meinung oder Einfälle zum Text oder seinem Thema äußerst.

3. der Inhalt (je nach Aufgabenstellung):

- Fasse den Inhalt so zusammen, dass auch **der Aufbau des Textes** deutlich wird. Verwende dazu **Strukturwörter**, z.B.: Der Verfasser stellt fest, folgert, schließt daraus, fasst zusammen, wirft die Frage auf, behauptet, fügt ein Beispiel ein, verdeutlicht, untermauert, appelliert, erläutert etc.
- Bearbeite die Aufgaben nicht zu oberflächlich. Schreibe z.B. nicht nur, dass der Verfasser mit einem Text den Leser informieren möchte, sondern auch worüber und warum.

- Gib zu den wichtigen Ergebnissen deiner Textanalyse unbedingt **die Textstellen** an.
- Achte darauf, dass deine Ergebnisse nicht beliebig klingen, sondern gehe immer **auf den konkreten Text ein**.
- Verwende, wenn es die Aufgabenstellung erfordert, Fachbegriffe zu Sprache, Textsorte, Layout etc.

4. der sprachliche Ausdruck:

- Vermeide umgangssprachliche Ausdrücke („Der Text ist wirklich krass."), und schreibe sachlich.
- **Formuliere mit eigenen Worten.** Gib nur ganz wichtige Aussagen des Textes wörtlich wieder.
- Stelle Überleitungen zwischen den Aufgaben her.

5. Rechtschreibung und Zeichensetzung:

- Achte beim abschließenden Durchlesen vor allem auf folgende **Fehlerquellen**:
  - Verwechsle nicht die Konjunktion „dass" mit dem Artikel „das".
  - Wenn du aus dem Text zitierst, achte auf die richtigen Satzzeichen.

© Verlag an der Ruhr | Postfach 10 22 51 | 45422 Mülheim an der Ruhr | www.verlagruhr.de | ISBN 978-3-8346-0328-9

Die Analyse eines Sachtextes

Name: _____

Aufbau	
1. Deine Einleitung führt sinnvoll zum Text bzw. zu den Aufgaben der Textanalyse hin.	
2. Textmerkmale und deren Wirkung sind gut miteinander verknüpft.	
3. Der Schluss rundet die Textanalyse gut ab.	
Teilnote	
Inhalt	
4. Dein Aufsatz lässt erkennen, dass du die Aufgabenstellung verstanden hast.	
5. Die Aufgabenstellung hast du in allen Punkten berücksichtigt.	
6. Du stützt deine Ergebnisse durch die Angabe von Textstellen.	
7. Du gehst inhaltlich konkret auf den Text ein.	
8. Du hast nicht nur die Inhalte wiedergegeben, sondern auch den Aufbau des Textes herausgearbeitet.	
9. Dein Aufsatz macht deutlich, dass du fachliche Kenntnisse zur Textanalyse besitzt.	
10. Du hast die Absicht des Verfassers richtig erfasst und wiedergegeben.	
Teilnote	

Sprache		
a) **Ausdruck**	11. Dein Sprachstil ist sachlich und angemessen.	
	12. Du schreibst abwechslungsreich.	
	13. Es gelingt dir, inhaltliche Aussagen zum Text mit eigenen Worten wiederzugeben.	
	14. Du findest treffende Überleitungen zwischen den einzelnen Aufgaben.	
b) **Sprachrichtigkeit**	15. Rechtschreibung	
	16. Zeichensetzung	
Teilnote		
Form		
Zusätzliche Bemerkung:		
Gesamtnote		

© Verlag an der Ruhr | Postfach 10 22 51 | 45422 Mülheim an der Ruhr | www.verlagruhr.de | ISBN 978-3-8346-0328-9

Die Analyse eines poetischen Textes

1. Anforderungen in verschiedenen Jahrgangsstufen:

Die Analyse poetischer Texte ist eine Aufsatzart, die auf den Kenntnissen der Schüler aus dem Literaturunterricht aufbaut. Egal, ob bei der Lektüre eines Jugendbuchs oder bei der Auseinandersetzung mit einem Gedicht: Die Schüler erwerben hier Fachbegriffe und üben bestimmte Methoden der Texterschließung ein, die sie für diese Aufsatzart brauchen. Insofern ist jede Beschäftigung mit literarischen Texten eine wichtige

Vorbereitung auf diese Form der Textanalyse. Da jedoch erst Schüler der höheren Jahrgangsstufen Textstellen einer Aufgabenstellung entsprechend herausfinden, richtig zitieren und deuten können, wird diese Aufsatzart kaum vor der neunten oder zehnten Klasse eingeführt. Vor allem Aufgaben, bei denen Sprache oder Erzähltechnik analysiert werden sollen, setzen vertiefte fachspezifische Kenntnisse voraus.

2. Mögliche Aufgabenstellungen:

In der Sekundarstufe I wird von Schülern gewöhnlich nicht erwartet, dass sie einen poetischen Text völlig eigenständig analysieren und interpretieren können. In der Regel gibt die Aufgabenstellung vor, welche Aspekte des Textes die Schüler konkret untersuchen und deuten sollen. Die Bandbreite der Fragen spiegelt die Vielfalt poetischer Texte und ihrer jeweiligen Besonderheiten wieder: Bei einem epischen Werk wird wahrscheinlich die Erzählperspektive ein Thema sein, bei einem dramatischen Text eventuell die Sprechart oder

bei einem Gedicht Reim und Rhythmus. Häufig umfassen die Aufgaben auch Fragen zum Aufbau, zu sprachlichen Besonderheiten, zu Erzählmerkmalen oder zu charakterlichen Eigenschaften von Figuren. Bei der Analyse poetischer Texte sollte unbedingt berücksichtigt werden, dass unterschiedliche Interpretationen möglich sind, denn gerade die Mehrdeutigkeit unterscheidet poetische Texte ja von den Sachtexten. Daher sollten Texte ausgewählt werden, die offen sind für unterschiedliche Deutungen.

3. Fähigkeiten, die die Schüler beherrschen sollten:

Um einen poetischen Text untersuchen und deuten zu können, müssen Schüler …

▸▸ über ein umfangreiches Textverständnis verfügen,

▸▸ Erzähltechnik und Sprache untersuchen und bestimmen (je nach Aufgabenstellung),

▸▸ Einzelergebnisse in Aufsatzform darstellen,

▸▸ Textstellen richtig angeben können und

▸▸ grundlegende Interpretationstechniken beherrschen.

Die Analyse eines poetischen Textes

So gelingt dir ...

1. die Vorbereitung:

▸▸ Unterstreiche die Schlüsselbegriffe jeder Aufgabe mit einer eigenen Farbe.

▸▸ Lies dir den Text mehrmals intensiv durch, und markiere die Textstellen, die dir zur Bearbeitung der Aufgaben dienen, mit den entsprechenden Farben.

2. der Aufbau:

▸▸ Gib dem Leser in der Einleitung vorab wichtige Informationen zum Text (Nenne z.B. den Titel, den Autor, die Hauptthematik etc.). Leite am Ende der Einleitung zum Hauptteil über.

▸▸ Im Hauptteil stellst du deine Ergebnisse zu den Aufgaben dar. Verknüpfe dabei immer die Beschreibung der Merkmale mit ihrer Deutung. Meist wirst du erst das Merkmal nennen („In Zeile X verwendet der Autor die Metapher …"), und dann die Deutung anschließen („Damit weist der Autor den Leser unauffällig darauf hin, dass …"). Zur Abwechslung kannst du diese Anordnung aber auch ab und an umdrehen.

▸▸ Lege dir auf deinem Konzeptblatt eine Tabelle mit zwei Spalten an: In der ersten Spalte notierst du Textstellen und -merkmale, in der zweiten Spalte hältst du in Stichworten ihre Deutungen fest.

▸▸ Runde mit einigen Schlusssätzen deine Textanalyse ab. Dabei kannst du auch deine eigene Meinung oder deine Gedanken zum Text äußern.

3. der Inhalt (je nach Aufgabenstellung):

▸▸ Bearbeite die Aufgaben nicht zu knapp und oberflächlich.

▸▸ Zähle nicht nur Textmerkmale auf, sondern stelle ihre Bedeutung im Textzusammenhang genau dar. Gib z.B. immer an, warum der Autor deiner Meinung nach ein bestimmtes Merkmal verwendet hat bzw. welche Wirkung es auf den Leser hat.

▸▸ Bei mehrdeutigen Textstellen kannst du auch mehrere Deutungsmöglichkeiten angeben. Setze deine Ergebnisse immer in Zusammenhang mit anderen Textstellen.

▸▸ Gib zu den wichtigen Ergebnissen deiner Textanalyse unbedingt die Textstellen an.

▸▸ Verwende Fachbegriffe (wie auktoriale Erzählhaltung, Metapher, hypotaktischer Satzbau, etc.). Damit wirkt deinen Analyse besonders genau.

4. der sprachliche Ausdruck:

▸▸ Vermeide umgangssprachliche Ausdrücke, und schreibe sachlich.

▸▸ Gib Aussagen des Textes mit eigenen Worten wieder. Wörtliche Zitate musst du in Anführungszeichen setzen.

▸▸ Verbinde deine Einzelergebnisse mit Überleitungen.

5. Rechtschreibung und Zeichensetzung:

▸▸ Achte beim abschließenden Durchlesen vor allem auf folgende **Fehlerquelle**n:

  ▸ Verwechsle nicht die Konjunktion „dass" mit dem Artikel „das".

  ▸ Wenn du aus dem Text zitierst, achte auf die richtigen Satzzeichen

© Verlag an der Ruhr | Postfach 10 22 51 | 45422 Mülheim an der Ruhr | www.verlagruhr.de | ISBN 978-3-8346-0328-9

Die Analyse eines poetischen Textes

Name: _____

Aufbau		
1. Deine Einleitung führt sinnvoll zum Text bzw. zu den Aufgaben der Textanalyse hin.		
2. Textmerkmale und Deutungen sind gut miteinander verknüpft.		
3. Dein Schluss enthält interessante Gedanken, die die Textanalyse gut abrunden.		
Teilnote		
Inhalt		
4. Dein Aufsatz zeigt, dass du die Aufgabenstellung verstanden hast.		
5. Er geht auf alle Bereiche der Aufgabenstellung ein.		
6. Du stützt deine Ergebnisse durch die Angabe von Textstellen.		
7. Du stellst die Textmerkmale in Verbindung zum gesamten Text dar.		
8. Für mehrdeutige Textmerkmale gibst du mehrere Deutungsmöglichkeiten an.		
9. Deine Deutungen sind begründet und nachvollziehbar.		
10. Du gehst inhaltlich konkret auf den Text ein.		
11. Die von dir genannten Textstellen setzt du in Bezug zu anderen Textstellen.		
Teilnote		
Sprache		
a) **Ausdruck**	12. Dein Sprachstil ist sachlich und angemessen.	
	13. Du schreibst abwechslungsreich.	
	10. Du verwendest sinnvolle Fachbegriffe.	
	11. Es gelingt dir, inhaltliche Aussagen zum Text mit eigenen Worten wiederzugeben.	
	12. Du findest treffende Überleitungen zwischen den einzelnen Aufgaben.	
b) **Sprachrichtigkeit**	13. Rechtschreibung	
	14. Zeichensetzung	
Teilnote		
Form		
Zusätzliche Bemerkung:		
Gesamtnote		

© Verlag an der Ruhr | Postfach 10 22 51 | 45422 Mülheim an der Ruhr | www.verlagruhr.de | ISBN 978-3-8346-0328-9

Einen informativen Text schreiben

1. Anforderungen in verschiedenen Jahrgangsstufen:

Diese Aufsatzart nimmt gleich **zwei Kernkompetenzen** ins Visier:

» **Leseverständnis**, d.h. die Fähigkeit, wesentliche Informationen eines Textes verstehen und mit eigenen Worten wiedergeben zu können.

» **Erschließung von diskontinuierlichen Texten:** Unter diskontinuierlichen Texten versteht man Informationen, die nicht fortlaufend syntaktisch gegliedert oder verbalisiert sind, wie z.B. Formulare, Diagramme oder Tabellen. Obwohl gerade diese Texte im Alltag häufig vorkommen, z.B. als Wetterkarten, Umfrageergebnisse oder Fahrpläne, fällt es Schülern häufig sehr schwer, ihnen richtig Informationen zu entnehmen. Dabei geht diese Aufsatzart noch einen Schritt weiter: Die Schüler sollen nicht nur diskontinuierliche Texte richtig auswerten, sondern sie zusammen mit Aussagen aus einem Sachtext zu einem neuen, kontinuierlichen Text verbinden.

Eine Voraussetzung für das Schreiben eines informativen Textes (bzw. Sachtextes) ist, dass der Verfasser **informierende Zusatzmaterialien selbstständig auswerten** kann. Im Deutschunterricht kann dies vor allem im Rahmen der Vorbereitung von Referaten thematisiert worden sein. Eine wichtige Rolle spielen jedoch auch Fächer wie Biologie, Erdkunde oder Geschichte. Je stärker dort die Auswertung von Diagrammen, Schaubildern oder Tabellen geübt wurde, desto leichter wird es den Schülern fallen, unbekannte Informationsquellen dieser Art für das Verfassen eines Textes zu nutzen.

2. Mögliche Aufgabenstellungen:

Eine mögliche Themenstellung für diese Aufsatzart könnte z.B. lauten: „Verfasse einen Sachtext, der über die knapper werdenden Wasservorräte weltweit informiert." Doch dies allein genügt nicht. Der Schüler muss als Wissensgrundlage für seinen informativen Text auch über **unterschiedliche Informationsmaterialien** zu diesem Thema verfügen. Indem er diesen Text verfasst, zeigt er nicht nur, dass er einzelne Informationen (z.B. aus einem Diagramm) verstanden hat, sondern auch, dass er diese in eine sinnvolle Reihenfolge bringen und sie so verbalisieren kann, dass sie für den Leser verständlich sind. Vor diesem Hintergrund bietet sich diese Aufsatzart besonders für den fächerübergreifenden Unterricht an. In Kombination mit den entsprechenden Hintergrundinformationen sind daher zahlreiche Aufgabenstellungen nach dem links dargestellten Beispiel denkbar.

3. Fähigkeiten, die die Schüler beherrschen sollten:

Um einen informativen Text verfassen zu können, müssen Schüler …

» über Lesekompetenz verfügen,

» **diskontinuierliche Texte verstehen** und auswerten,

» Einzelinformationen in eine sinnvolle Reihenfolge bringen und

» daraus einen verständlichen und zusammenhängenden Text erstellen können.

Merkblatt

Einen informativen Text schreiben

So gelingt dir ...

1. der Aufbau:

▸▸ **Markiere** in den Zusatzmaterialien alle Informationen, die du für deinen Text verwenden willst. Notiere sie in verkürzter Form auf **deinem Konzeptblatt**

▸▸ Bringe die Notizen auf deinem Konzeptblatt in eine sinnvolle Reihenfolge, am besten, indem du sie **mit Nummern versiehst**.

▸▸ Runde deinen Informationstext sinnvoll ab, z.B. mit einer Aufforderung. Ein Informationstext über die Gefahren des Rauchens könnte damit enden, dass du dazu aufrufst, das Rauchen aufzugeben.

2. der Inhalt:

▸▸ Lies dir das Thema genau durch, und unterstreiche **die Schlüsselbegriffe**.

▸▸ Überlege dir einen interessanten Satz, der zum Thema hinführt.

▸▸ Wähle nur die Informationen aus dem Zusatztext aus, die mit der Themenstellung tatsächlich zu tun haben. Sie können nämlich auch Aussagen enthalten, die sich mit dem eigentlichen Thema kaum befassen.

▸▸ Verwende nur Informationen, **die du wirklich verstanden hast**.

▸▸ Nenne zunächst die Informationen, die für das Thema am wichtigsten sind.

▸▸ Achte darauf, dass dein Aufsatz die Informationen **in Bezug zueinander setzt**. So kannst du z.B. die Aussage eines Interviews mit einer Zahl aus einer Tabelle verknüpfen: „Zwar betont eine Schülerin in einem Interview ..., die Umfrage zeigt jedoch, dass ...“

▸▸ Fasse Einzelinformationen zusammen. Schreibe statt „32 Prozent sind für ein Verbot, 12,7 Prozent sind entschieden dafür“, besser „Fast die Hälfte der Befragten sind für ein Verbot.“

3. der sprachliche Ausdruck:

▸▸ Vermeide umgangssprachliche Ausdrücke, und schreibe sachlich.

▸▸ Bemühe dich um einen abwechslungsreichen Satzbau und Wortschatz.

▸▸ Gib Aussagen des Textes **mit eigenen Worten** wieder. Sehr wichtige Aussagen kannst du (vereinzelt!) wörtlich wiedergeben (Anführungszeichen nicht vergessen!).

▸▸ **Finde Überleitungen**, mit denen du die einzelnen Bereiche deines Textes miteinander verbindest. Verwende vor allem Konjunktionen (daher, obwohl, aus diesem Grund usw.).

▸▸ **Ersetze Zeichen durch Wörter** (Prozent statt %, Euro statt € usw.). Streiche bei großen Zahlen die Dezimalstellen. Wer will bei 789 Millionen Euro schon wissen, dass es 789,38 waren? Meist reicht es auch, von „knapp 800 Millionen Euro“ zu sprechen. Die Angabe „32,48 Prozent der Befragten“ solltest du besser als „etwa ein Drittel der Befragten“ oder „jeder Dritte der Befragten“ ausdrücken. Das klingt griffiger und lässt sich besser im Gedächtnis behalten.

4. Rechtschreibung und Zeichensetzung:

▸▸ Achte beim abschließenden Durchlesen vor allem auf folgende **Fehlerquellen**:

  ▸ Verwechsle nicht die Konjunktion „dass“ mit dem Artikel „das“.

  ▸ Verben und Adjektive können zu Nomen werden (z.B. das Tragen eines Helms, oder etwas Schlimmes).

  ▸ Vor und nach Nebensätzen musst du ein Komma setzen, vor allem bei Relativsätzen (z.B.: „Eine Umfrage, die unter Jugendlichen zwischen 12 und 14 Jahren durchgeführt wurde, ergab, dass ...“).

Einen informativen Text schreiben

Name: _____

Aufbau		
1. Deine Einleitung ist kurz und führt genau zum Thema des Informations- textes hin.		
2. Die einzelnen Informationen stehen in einer sinnvollen Reihenfolge.		
Teilnote		
Inhalt		
3. Dein Text orientiert sich genau am Thema.		
4. Die Aufsatz macht deutlich, dass du die Zusatzmaterialien verstanden hast.		
5. Du hast den Materialien die wichtigsten Informationen entnommen.		
6. In deinem Text reihst du Informationen nicht nur aneinander, sondern verknüpfst sie sinnvoll miteinander.		
7. Es ist dir gelungen, Einzelaspekte zusammenzufassen.		
Teilnote		
Sprache		
a) **Ausdruck**	8. Dein Sprachstil ist sachlich.	
	9. Du schreibst abwechslungsreich.	
	10. Es gelingt dir, die Informationen aus den Materi- alien mit eigenen Worten wiederzugeben.	
	11. Du verbindest die einzelnen Aspekte des Themas durch Überleitungen.	
	12. Zahlen und Sonderzeichen wurden durch passende Formulierungen ersetzt.	
b) **Sprachrichtigkeit**	13. Rechtschreibung	
	14. Zeichensetzung	
Teilnote		
Form		
Zusätzliche Bemerkung:		
Gesamtnote		

© Verlag an der Ruhr | Postfach 10 22 51 | 45422 Mülheim an der Ruhr | www.verlagruhr.de | ISBN 978-3-8346-0328-9

Die literarische Charakteristik

1. Anforderungen in verschiedenen Jahrgangsstufen:

Eine literarische Charakteristik beschreibt **das Wesen einer oder mehrerer Figuren eines literarischen Textes**. Sie kann die äußeren Merkmale der Person (Aussehen, Lebensumstände) umfassen, konzentriert sich jedoch vor allem auf **ihre Gedanken, Gefühle oder typischen Verhaltensweisen**. Auch die Sprache oder Sprechweise der Figur können miteinbezogen werden. Die Beziehungen der Person zu den anderen Figuren im Text können ebenfalls eine Rolle spielen.

Die Charakteristik als Aufsatzform soll **zum Verständnis und zur Interpretation eines literarischen Textes** beitragen. Daher geht es nicht darum, möglichst viele Merkmale einer Figur aufzuführen, sondern das Charakteristische an ihr herauszuarbeiten und es im Hinblick auf den ganzen Text einzuordnen. Damit ist die literarische Charakteristik als Aufsatzart an der Schwelle zur Sekundarstufe II einzuordnen. Dort spielt sie, im Hinblick auf die Interpretation eines umfangreicheren epischen oder dramatischen Werks, sicherlich eine zentrale Rolle. In der Sekundarstufe I taucht die Charakteristik eher als eine Teilaufgabe bei der Analyse eines poetischen Textes oder beim textgebundenen Aufsatz auf. Denkbar ist sie aber auch als eigenständige Aufsatzart **am Ende einer Romanlektüre** oder nach der Beschäftigung mit der Kurzgeschichte.

2. Mögliche Aufgabenstellungen:

Die Schüler können in der Aufgabenstellung explizit auf die einzelnen Aspekte der Charakteristik hingewiesen werden: „Charakterisiere den Deichgraf oder eine andere Hauptfigur aus ‚Der Schimmelreiter' von Theodor Storm. Gehe dabei auf das Aussehen, die Eigenschaften und die Rolle der Figur in der Novelle ein." Geübteren Schülern genügt die schlichte Aufgabenstellung, eine bestimmte Figur zu charakterisieren. Daneben ist als Aufgabe auch ein Vergleich zweier Personen denkbar.

3. Fähigkeiten, die die Schüler beherrschen sollten:

Um eine literarische Figur charakterisieren zu können, müssen Schüler …

▸▸ dem Text **Aussagen über das Wesen der Figur** entnehmen,

▸▸ indirekte Äußerungen über das Wesen der Figur richtig deuten,

▸▸ Einzelergebnisse zu zusammenfassenden Aussagen bündeln,

▸▸ Figuren **in ihrer Bedeutung für den gesamten Text** erkennen sowie

▸▸ richtig zitieren können.

Die literarische Charakteristik

So gelingt dir ...

1. der Aufbau:

» Ordne die Merkmale zur Figur, die du im Text findest, **nach Kategorien**: Aussehen, Lebensumstände, Gedanken, Charaktereigenschaften etc. Dann führst du vom äußeren Erscheinungsbild Schritt für Schritt zum Innenleben der Figur hin.

» Verfasse **eine sinnvolle Einleitung**, die z.B. erklärt, warum du dich mit dieser Figur ausführlicher beschäftigst.

» Runde die Charakteristik angemessen ab, z.B. indem du schreibst, was dir an dieser Figur ge- bzw. missfällt oder was man von ihr lernen kann.

2. der Inhalt:

» Achte auf **die unterschiedlichen Merkmale** der Figur, die im literarischen Text direkt oder indirekt angesprochen werden: äußere Erscheinung (Alter, Aussehen, Körpersprache), Lebensumstände (Beruf, Familienstand), Gedanken und Gefühle, Absichten, typische Verhaltensweisen, Sprache und Sprechweise (Umgangssprache, gehobene Sprache), Verhältnis zu anderen Figuren.

» Führe nicht alles auf, was über die Figur im Text steht, sondern wähle die Aussagen aus, die deutlich machen, was das Besondere an ihr ist und wie sie sich im Laufe des Textes entwickelt.

» Deute deine Ergebnisse **im Hinblick auf den gesamten Text, und bewerte den Charakter der Figur.** Beispiel: „Werner ist wenig selbstsicher. Sein Selbstvertrauen nimmt auf Grund der Niederlage im Lauf der Geschichte weiter ab: Während er sich am Anfang vordrängt, betritt er am Ende der Erzählung den Garten erst, als sein Schulfreund ihm einen Klaps auf die Schulter gibt."

» Schreibe in Klammern, in welcher Zeile sich die Textstelle befindet, auf die du jeweils Bezug nimmst.

» Wenn du zwei Figuren miteinander vergleichst, nenne die **wichtigen Gemeinsamkeiten und Unterschiede** zwischen den beiden.

3. der sprachliche Ausdruck:

» Schreibe sachlich. Vermeide persönliche Wertungen, wie z.B.: „Dabei stellt er sich dem Mädchen gegenüber sehr dämlich an."

» Löse dich von den Formulierungen im Ausgangstext, und **fasse die Merkmale mit eigenen Worten zusammen.** Setze wörtliche Zitate in Anführungszeichen.

» Schreibe durchgehend im **Präsens**.

4. Rechtschreibung und Zeichensetzung:

» Achte beim abschließenden Durchlesen vor allem auf folgende **Fehlerquellen**:

  ‣ Verwechsle nicht die Konjunktion „dass" mit dem Artikel „das".

  ‣ Wenn du aus dem Text zitierst, achte auf die richtigen Satzzeichen.

  ‣ Setze zwischen Teilsätzen ein Komma, auch wenn sie nur sehr kurz sind („Er will nicht, dass alle seine Geschichte erfahren.").

© Verlag an der Ruhr | Postfach 10 22 51 | 45422 Mülheim an der Ruhr | www.verlagruhr.de | ISBN 978-3-8346-0328-9

Die literarische Charakteristik

Name: _____

Aufbau		
1. Der innere Aufbau deiner Charakteristik ist logisch.		
2. Du leitest die Charakteristik sinnvoll ein und rundest sie gekonnt ab.		
Teilnote		
Inhalt		
3. Du hast alle wichtigen Bereiche der Charakterisierung ausreichend berücksichtigt.		
4. Es ist dir gelungen, die wesentlichen Merkmale der Figur darzustellen.		
5. Du hast die Aussagen im Text über die Figur richtig gedeutet.		
6. Du bewertest den Charakter der Figur.		
7. Du stellst bei deiner Charakterisierung den Bezug zum Gesamttext her.		
8. Bei Vergleichen: Du zeigst die wesentlichen Gemeinsamkeiten und Unterschiede zwischen den Figuren auf.		
9. Es wird deutlich, auf welche Textstellen du dich beziehst.		
Teilnote		
Sprache		
a) Ausdruck	**10.** Du schreibst sachlich und treffend.	
	11. Es gelingt dir, dich vom Ausgangstext zu lösen und die Merkmale mit eigenen Worten zusammengefasst darzustellen.	
	12. Du schreibst abwechslungsreich.	
	13. Die verwendete Zeitstufe ist einheitlich das Präsens.	
b) Sprachrichtigkeit	**14.** Rechtschreibung	
	15. Zeichensetzung	
Teilnote		
Form		
Zusätzliche Bemerkung:		
Gesamtnote		

© Verlag an der Ruhr | Postfach 10 22 51 | 45422 Mülheim an der Ruhr | www.verlagruhr.de | ISBN 978-3-8346-0328-9

Der textgebundene Aufsatz

1. Anforderungen in verschiedenen Jahrgangsstufen:

Der textgebundene Aufsatz ist **eine Form der Textanalyse auf der Grundlage eines literarischen oder journalistischen Textes**. Der Schüler soll in Form eines zusammenhängenden Textes Aufgaben zur Texterschließung lösen. Eingerahmt wird dieser von einer Einleitung und einem Schluss. Die Einleitung umfasst Verfassername, Titel des Textes, die Quellenangabe sowie einen Basissatz (vgl. Einleitung der Inhaltsangabe). Im Schluss äußert der Schüler differenziert seine Meinung zum Text und seiner Thematik. Zudem soll er **eine knappe Gliederung** erstellen, die den Aufbau des Aufsatzes widerspiegelt. Meist wird der textgebundene Aufsatz bereits in Teilen in der siebten Klasse vorbereitet und in der neunten bis zehnten Klasse vertieft behandelt.

Während in der siebten Klasse noch inhaltsbezogene Fragen im Vordergrund stehen, sollten die Schüler etwa ab der neunten Jahrgangsstufe **das Spezifische des jeweiligen Textes erfassen und deuten** können. Um die damit verbundenen anspruchsvolleren Aufgaben (z.B. Sprachanalyse) bewältigen zu können, benötigen sie Kenntnisse aus mehreren Jahren Deutschunterricht. Fehlen diese, neigen manche Schüler dazu, fertige Formeln anzuwenden, die im Grunde auf jeden Text zutreffen, wie z.B.: „Die Fremdwörter machen den Text abwechslungsreich." statt: „Die Autorin baut viele englische Fremdwörter ein und veranschaulicht damit, wie wohl sich ihr Sohn in Amerika gefühlt hat."

2. Mögliche Aufgabenstellungen:

Der textgebundene Aufsatz stellt dem Schüler **eine Reihe von texterschließenden Aufgaben**, die sehr unterschiedlich sein können. Beispiel:

▸▸ Bestimme die Textsorte.

▸▸ Fasse den Inhalt des Textes so zusammen, dass der Aufbau erkennbar wird.

▸▸ Beschreibe und deute die sprachlichen Besonderheiten des Textes.

▸▸ Erläutere, welche Absichten der Verfasser verfolgt.

▸▸ Alle Aussagen müssen sich konkret auf den Text beziehen und durch genaue Angaben belegt werden. Ab der neunten Jahrgangsstufe kommt eine weiterführende Aufgabe, die auch **den Bereich des freien Schreibens** betreffen kann, hinzu, wie z.B.: „Schreibe einen satirischen Text zum Thema des Textes" oder „Erzähle die Begegnung aus Sicht einer Nebenfigur".

3. Fähigkeiten, die die Schüler beherrschen sollten:

Um einen textgebundenen Aufsatz verfassen zu können, müssen Schüler …

▸▸ einen unbekannten Text verstehen und zusammenfassen können,

▸▸ über das Layout von Texten, über sprachliche Besonderheiten und über Textsorten Bescheid wissen,

▸▸ richtig zitieren und

▸▸ Einzelergebnisse in Aufsatzform darstellen können.

Merkblatt

Der textgebundene Aufsatz

So gelingt dir ...

1. die Vorbereitung:

▸▸ Lies dir die Aufgaben durch, und unterstreiche **die Schlüsselbegriffe** mit unterschiedlichen Farben.

▸▸ Lies den Text mehrmals durch, und markiere dabei die Textstellen, die dir zur Bearbeitung der Aufgaben dienen, mit der jeweiligen Farbe.

2. die Gliederung:

▸▸ Achte darauf, dass deine Gliederung die Aufgabenstellung wiedergibt und mit dem Aufbau deines Aufsatzes übereinstimmt.

▸▸ Achte auf **einen einheitlichen Sprachstil**: Schreibe entweder in kurzen Sätzen oder im Nominalstil.

3. der Aufbau:

▸▸ Die Einleitung deines Textes sollte folgende Informationen enthalten: Verfasser und Titel des Textes, Quellenangabe, Basissatz zum Inhalt.

▸▸ Der Hauptteil enthält die eigentlichen Fragen.

▸▸ Der Schluss soll deinen Aufsatz abrunden. Schreibe hier z.B., wie dir der Text gefallen hat, und begründe deine Meinung. Achte darauf, dass der Schluss neue Aussagen enthält. Du kannst hier auch von eigenen Erfahrungen zum Thema berichten.

4. der Inhalt (je nach Aufgabenstellung):

▸▸ Achte darauf, dass du die Aufgaben nicht zu oberflächlich und knapp bearbeitest.

▸▸ **Belege alle deine Aussagen** mit den entsprechenden Textstellen.

▸▸ Fasse die wesentlichen Aussagen des Textes **mit eigenen Worten** zusammen.

▸▸ Beschreibe die sprachlichen Besonderheiten des Textes (z.B. in den Bereichen Satzbau, Wortschatz und rhetorische Stilfiguren) immer **nur gemeinsam mit ihrer Funktion bzw. ihrer Wirkung**.

▸▸ Gib die Textsorte an, und begründe dein Ergebnis, indem du **einige typische Merkmale** aufzählst und mit Textstellen belegst.

▸▸ Beschreibe die Verfasserabsicht ausführlich, und gib passende Textstellen an.

▸▸ Achte darauf, nicht zu allgemein zu formulieren. „Der Verfasser will den Leser informieren" ist wenig aussagekräftig, weil dies auf fast jeden Text zutrifft.

5. der sprachliche Ausdruck:

▸▸ Vermeide umgangssprachliche Ausdrücke („Der Text ist wirklich krass.").

▸▸ Verbinde deine Ergebnisse mit passenden Überleitungen.

▸▸ Verwende Fachbegriffe.

6. Rechtschreibung und Zeichensetzung:

▸▸ Achte beim abschließenden Durchlesen vor allem auf folgende **Fehlerquellen**:

▸ Wenn du aus dem Text zitierst, achte auf die richtigen Satzzeichen.

▸ Setze zwischen Teilsätzen ein Komma, auch wenn sie nur sehr kurz sind („Der Autor verlangt, dass mehr Geld für die Schulen ausgegeben wird.")

© Verlag an der Ruhr | Postfach 10 22 51 | 45422 Mülheim an der Ruhr | www.verlagruhr.de | ISBN 978-3-8346-0328-9

Der textgebundene Aufsatz

Name: _____

Aufbau	
1. Deine Einleitung enthält die notwendigen Informationen.	
2. Du hast die einzelnen Aufgaben vollständig und ausgewogen bearbeitet.	
3. Dein Schluss enthält interessante Gedanken, die den Aufsatz gut abrunden.	
Teilnote	
Inhalt (je nach Aufgabenstellung)	
4. Dein Aufsatz zeigt, dass du dich intensiv und kenntnisreich mit den Aufgaben beschäftigt hast.	
5. Du stützt deine Ergebnisse mit zahlreichen Textstellen.	
6. Du beschreibst die wesentlichen sprachlichen Merkmale und ihre Wirkung bzw. Funktion.	
7. Du stellst den Inhalt und gedanklichen Aufbau des Textes richtig dar.	
8. Du hast die Textsorte richtig erkannt und mit entsprechenden Textmerkmalen belegt.	
9. Du hast die Absicht des Verfassers ausführlich beschrieben und deine Einschätzung mit Textstellen untermauert.	
Teilnote	
Gliederung	
10. Die Gliederung umfasst alle Aufgaben und entspricht dem Aufbau deines Aufsatzes.	
11. Der Sprachstil ist einheitlich.	
Teilnote	

Sprache		
a) Ausdruck	**12.** Du formulierst eigenständig.	
	13. Du schreibst abwechslungsreich.	
	14. Du verbindest die Aufgaben mit treffenden Überleitungen.	
b) Sprachrichtigkeit	**15.** Rechtschreibung	
	16. Zeichensetzung	
Teilnote		
Form		
Zusätzliche Bemerkung:		
Gesamtnote		

© Verlag an der Ruhr | Postfach 10 22 51 | 45422 Mülheim an der Ruhr | www.verlagruhr.de | ISBN 978-3-8346-0328-9

Literatur

Baumbusch, Ellen; Laub, Hansjörg:
Aufsätze üben.
Lernen an Stationen in der Sekundarstufe I.
Cornelsen Scriptor, 2004.
ISBN 978-3-589-21684-0

Brückner, Renate; Höffer, Ulrich; Weber, Ursula:
Deutsch Aufsatz: Training 9./10. Schuljahr.
Analyse und Interpretation literarischer Texte.
Klett, 2004.
ISBN 978-3-1292-7034-9

Friepes, Christine:
Gute Erörterungen schreiben.
Deutsch 9./10. Schuljahr.
Manz, 2007.
ISBN 978-3-7863-1059-4

Greving, Johannes; Paradies, Liane; Wester, Franz:
Praxisbuch Leistungsmessung und -bewertung.
Cornelsen Scriptor, 2005.
ISBN 978-3-589-22171-4

Horsfield, Alan:
Freies Schreiben – Schritt für Schritt.
Verlag an der Ruhr, 2006.
ISBN 978-3-8346-0047-9

Piel, Alexandra:
Sich schriftlich ausdrücken lernen: Gebrauchstexte produzieren.
Verlag an der Ruhr, 2003.
ISBN 978-3-86072-828-4

Pfeiffer, Karin:
Der Bericht.
Aufsatzwerkstatt: einfach schreiben.
Stolz Verlag, 2004.
ISBN 978-3-89778-199-3

Pfeiffer, Karin:
Die Beschreibung.
Aufsatzwerkstatt: einfach schreiben.
Stolz Verlag, 2004.
ISBN 978-3-89778-198-6

Thalheim, Peter:
Unterrichtspraxis Aufsatz.
Handbuch für die Sekundarstufe I.
Oldenbourg, 2002.
ISBN 978-3-486-82005-8

Weinert, Franz E. (Hrsg.):
Leistungsmessungen in Schulen.
Beltz, 2001.
ISBN 978-3-407-25256-2

Williams, Connie:
Von der Einleitung zur Schlusspointe.
Textbausteine gezielt üben und
Schwachstellen beseitigen.
Verlag an der Ruhr, 2005.
ISBN 978-3-8346-0030-1

Zimmer, Thorsten:
Training Deutsch: Aufsatz 5./6. Klasse.
Stark, 2005.
ISBN 978-3-8944-9304-2

Linktipps

**www.learn-line.nrw.de/angebote/
sprachpruefung/bewertung.html**
Diese Seite bietet einen Überblick über die
Bewertungskriterien für schriftliche Arbeiten
im Deutschunterricht.

www.pohlw.de/lernen/kurs/lern-07.htm
Auf dieser Seite gibt es Tipps zum Schreiben
von Aufsätzen.

**www.teachsam.de/deutsch/d_schreibf/
schr_schule/schschr0.htm**
Hier finden Sie eine Übersicht über die schu-
lischen Schreibformen mit ihren wichtigsten
Merkmalen sowie einige Übungsvorschläge.

**http://home.eduhi.at/teaching/k.glaser/
deutschaufsatz.htm**
Auf dieser Seite finden Sie Bewertungshilfen
für unterschiedliche Aufsatzarten.

Verlag an der Ruhr

Postfach 10 22 51
45422 Mülheim an der Ruhr

Telefon 030/89 785 235
Fax 030/89 785 578

bestellungen@cornelsen-schulverlage.de
www.verlagruhr.de

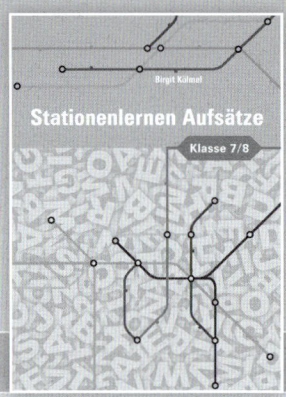

Vielseitigkeit im Deutschunterricht